D1683661

Andrea Reikl-Wolf & Shurga G. Schrammel

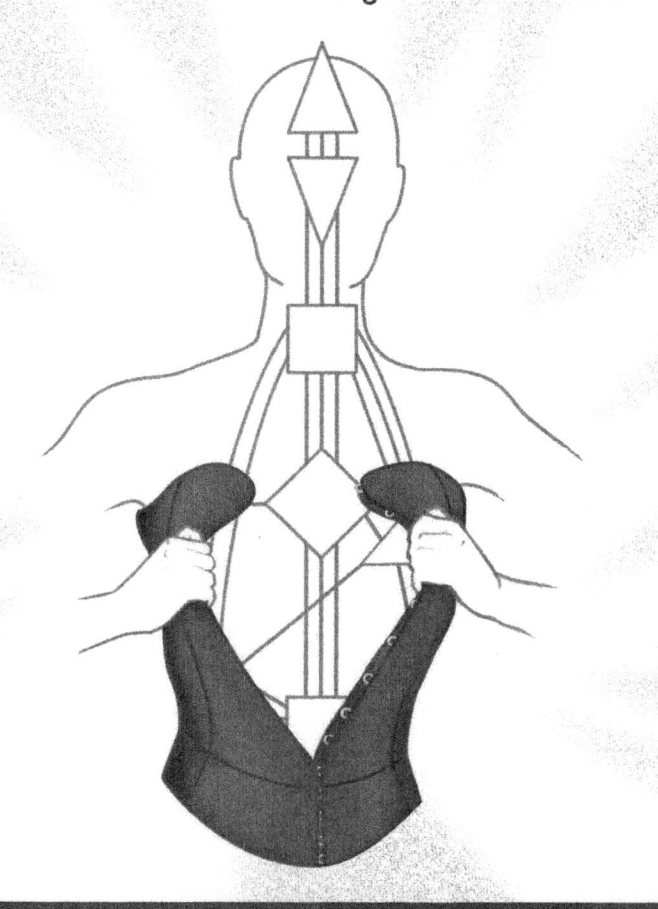

Korsett Beziehung?
In Partnerschaft und Sexualität sich Selbst leben!

Das Werk, einschließlich aller seiner Teile, ist urheberrechtlich geschützt. Jede Verwertung ist ohne Zustimmung der Autorinnen unzulässig. Dies gilt insbesondere für Vervielfältigungen, Übersetzungen, Mikroverfilmungen und die Einspeicherung und Verarbeitung in elektronischen Systemen.

© 2018 Andrea Reikl-Wolf & Shurga G. Schrammel
Lektorat: Sylvia Margraf
Satz & Layout: PCS BOOKS · www.pcs-books.de
Covergestaltung: Niklas-Philipp Gertl · www.ebook-illustration.de
Fotos/Grafiken: Made by Rave Chart Image Maker; Made by MMI by Jovianarchive; Foto Shurga Schrammel: Wolfgang Duchkowitsch; Foto Andrea Reikl-Wolf: David Peters

Druck und Verlagsdienstleister: tredition GmbH, Halenreie 40-44, 22359 Hamburg · www.tredition.de

Printed in Germany
1. Auflage

978-3-7469-2430-4 (Paperback)
978-3-7469-6160-6 (Hardcover)

Inhaltsverzeichnis

EINLEITUNG   9

ZIEL UND ERKENNTNIS   13

DAS CHART   23

DIE ZENTREN   31

1. Emotional- oder Solarplexus-Zentrum   35
   1.1 Das definierte Emotional-Zentrum   36
   1.2 Das offene Emotional-Zentrum   38

2. Sakral-Zentrum   42
   2.1 Das definierte Sakral-Zentrum   43
   2.2 Das offene Sakral-Zentrum   47

3. Milz-Zentrum   52
   3.1 Das definierte Milz-Zentrum   53
   3.2 Das offene Milz-Zentrum   56

4. Herz- oder Ego-Zentrum   61
   4.1 Das definierte Herz- oder Ego-Zentrum   62
   4.2 Das offene Herz- oder Ego-Zentrum   65

5. Das G-Zentrum   68
   5.1 Das definierte G-Zentrum   69
   5.2 Das offene G-Zentrum   72

6. Ajna-Zentrum   76
   6.1 Das definierte Ajna-Zentrum   77
   6.2 Das offene Ajna-Zentrum   80

7. Kopf-Zentrum   82
   7.1 Das definierte Kopf-Zentrum   83
   7.2 Das offene Kopf-Zentrum   86

8. Kehl-Zentrum 88
   8.1 Das definierte Kehl-Zentrum 89
   8.2 Das offene Kehl-Zentrum 92

9. Wurzel-Zentrum 95
   9.1 Das definierte Wurzel-Zentrum 96
   9.2 Das offene Wurzel-Zentrum 99

TYP UND STRATEGIE 103

1. Generator 113
   1.1 Die Fähigkeiten 117
   1.2 Die Beziehung 124
   1.3 Die Lebensfrage 125
   1.4 Die innere Autorität 126
      1.4.1 Autorität im Emotional- oder Solarplexus-Zentrum 127
      1.4.2 Autorität im Sakral-Zentrum 129
   1.5 Die Umsetzung 129
      1.5.1 „Reiner" Generator 130
      1.5.2 Manifestierender Generator 131
   1.6 Aus der Beratung 132

2. Manifestor 137
   2.1 Die Fähigkeiten 140
   2.2 Die Beziehung 141
   2.3 Die Lebensfrage 143
   2.4 Die innere Autorität 144
      2.4.1 Autorität im Emotional- oder Solarplexus-Zentrum 144
      2.4.2 Autorität aus der Milz 145
      2.4.3 Autorität im Herz- oder Ego-Zentrum 146
   2.5 Die Umsetzung 147
   2.6 Aus der Beratung 148

3. Projektor 153
   3.1 Die Fähigkeiten 155
   3.2 Die Beziehung 158
   3.3 Die Lebensfrage 159
   3.4 Die innere Autorität 160
      3.4.1 Autorität im Emotional- oder Solarplexus-Zentrum 160
      3.4.2 Autorität aus der Milz 161
      3.4.3 Autorität im Herz- oder Ego-Zentrum 162
      3.4.4 Autorität im G-Zentrum 163
      3.4.5 Mentaler Projektor 164

3.5 Die Umsetzung	165
3.6 Aus der Beratung	166
4. Reflektor	168
4.1 Die Fähigkeiten	170
4.2 Die Beziehung	170
4.3 Die Lebensfrage	171
4.4 Die innere Autorität	172
4.5 Die Umsetzung	172
4.6 Aus der Beratung	173

BEZIEHUNGEN ZWISCHEN DEN VERSCHIEDENEN GRUNDTYPEN — 175

1. Generator und Generator	178
2. Manifestor und Manifestor	180
3. Projektor und Projektor	182
4. Reflektor und Reflektor	184
5. Generator und Manifestor	184
6. Generator und Projektor	186
7. Generator und Reflektor	188
8. Manifestor und Projektor	188
9. Manifestor und Reflektor	189
10. Projektor und Reflektor	190

DIE PROFILE UND IHRE BEZIEHUNGEN — 191

1. Profil Eins/Drei (1/3) – der anarchistische Erforscher	197
2. Profil Eins/Vier (1/4) – der opportunistische Erforscher	201
3. Profil Zwei/Vier (2/4) – der opportunistische Einsiedler	205
4. Profil Zwei/Fünf (2/5) – der ketzerische Einsiedler	208

5. Profil Drei/Fünf (3/5) – der ketzerische Märtyrer 211

6. Profil Drei/Sechs (3/6) – der vorbildliche Märtyrer 214

7. Profil Vier/Sechs (4/6) – der vorbildliche Opportunist 217

8. Profil Vier/Eins (4/1) – der erforschende Opportunist 220

9. Profil Fünf/Eins (5/1) – der erforschende Ketzer 222

10. Profil Fünf/Zwei (5/2) – der einsiedlerische Ketzer 225

11. Profil Sechs/Zwei (6/2) – das einsiedlerische Rollenvorbild 227

12. Profil Sechs/Drei (6/3) – das märtyrerische Rollenvorbild 230

SEXUALITÄT – BEREITSCHAFT UND LUST 233

1. Das Sakral-Zentrum – die Bereitschaft 244

2. Das Emotionalzentrum – Die Lust 253

TYP UND STRATEGIE IM ORIGINAL-DORNRÖSCHEN DER BRÜDER GRIMM 259

DIE AUTORINNEN 271

EINLEITUNG

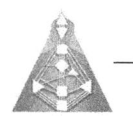

Einleitung

Mit diesem Buch bieten wir eine Sicht auf das Thema Beziehung auf der Grundlage des Human Designs. Es zeigt einen ersten Einblick in die Strukturen von Begegnung, neutral und frei von Wertung.

Auf Basis der Geburtsdaten hat ein kanadischer Physiker und Künstler eine Formel entwickelt, welche die eigene Struktur einer Person sichtbar machen kann. Damit fällt es leicht, unser Selbst zu verstehen sowie uns selbst und anderen Menschen bewusster zu begegnen.

Das Human Design System ist ein bewährtes Modell, ein Denkanstoß, eine Inspiration. Es geht nicht darum, eine Sichtweise anzunehmen, sondern es geht darum, etwas auszuprobieren.

Glauben Sie nichts – testen Sie es!

Human Design ist ein Schritt, um Beziehung befriedigend, erfolgreich, friedlich oder überraschend zu erleben!

Viele Menschen treffen ihre Entscheidungen aus dem Verstand heraus. Egal, ob es in der Beziehung, bei der Arbeit oder beim Wohnen ist. Der Verstand ist eine geniale Rechercheabteilung in unserem System, aber für Entscheidungen aus Sicht des Human Designs leider völlig ungeeignet. Einen der Grundtypen nennt man Generator, das sind ca. zwei Drittel der Menschen. Generatoren haben eine Bauchstimme, die zu allem im Leben in bestimmter Art und Weise Ja oder Nein sagt. Wenn der Generator sich aus dem Verstand heraus entscheidet, wird er das Leben als Last erleben. Er hat das Gefühl, alles ist schwer und er hat einen riesigen Rucksack auf den Schultern. Die Frustration ist immens groß und manchmal ist alles nur noch Belastung. Findet der Generator Zugang zu seiner Bauchstimme und damit zu einer effizienten Entscheidungsstruktur, hat er, wenn er ein Ja hat, auch wirklich Energie zur Verfügung. Damit wird aus der Last des schweren Rucksacks eine Leichtigkeit, die im Leben vorwärts bringt. Sie treffen Ihre Entscheidung aus der eigenen, einzigartigen Grundstruktur und werden damit befriedigt durchs Leben gehen.

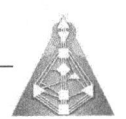

Das Buch ist ein Basiswerkzeug für die Selbst- und Fremdbetrachtung, für die Selbst- und Fremderfahrung. Es gibt dem Menschen einen Blick auf das So-Sein, einzigartig und unverwechselbar. Sie lernen in diesem Buch *die persönliche, individuelle genetische* Veranlagung kennen. Basierend auf Typ, Strategie und Autorität entdecken Sie, wie Sie in Ihrem Leben immer Entscheidungen treffen können, die Sie nachher nicht mehr bereuen.

Viel Spaß beim Schmökern!

ZIEL UND ERKENNTNIS

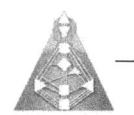

Ziel und Erkenntnis

Der Mensch ist ein soziales Wesen und ist von seiner genetischen Struktur her für Beziehung angelegt. Es gibt einen genetischen Grund und das ist die Arterhaltung.

Über die Jahrtausende haben sich in Gesellschaften unterschiedlichste Formen von Strukturen entwickelt. Das Patriarchat, also die Herrschaft der Väter, ist in unserer Kultur vorherrschend. Diese männliche Dominanz geht weit über diese ›Väterherrschaft‹ hinaus.

Die Herrschaft von Ehemännern, männlichen Vorgesetzten, leitenden Männern in fast allen gesellschaftlichen Institutionen in Politik und Wirtschaft spiegelt das allzu deutlich. Das Matriarchat oder Mütterrecht bezeichnet ein Zusammenleben, in dem die Frauen die zentrale Rolle in sozialen, religiösen und rechtlichen Bereichen des Lebens einnehmen.

Rund um den Globus findet man die unterschiedlichsten Beziehungsformen. Der Islam legte fest, dass ein Moslem unter sehr strengen Bedingungen bis zu vier Frauen heiraten darf.

Vor dem Christentum war Monogamie kein Thema. Noch heute sind streng monogam lebende Kulturen eine Minderheit auf unserer Erde. Die christliche Ehe sollte garantieren, dass die Kinder in einem geschützten Raum aufwachsen.

Noch heute gibt es Kulturen, die ein Zusammenleben von Mann und Frau als unnatürlich betrachten, wie z. B. die Monsu, die eine „Besuchsehe" führen. Beide Geschlechter dürfen mehrere gegengeschlechtliche Partner gleichzeitig haben. Das antike Griechenland beurteilte die Sexualität eines Menschen nicht nach dem Geschlecht des Partners, sondern nach der Position beim Sex. Dadurch gab es keine strikte Trennung zwischen Homo-, Bi- oder Heterosexualität.

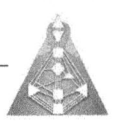

Das soziale Gefüge und der religiöse Background, in dem wir leben, bestimmen, welche Beziehungsformen und welche Arten der Sexualität als richtig bzw. normal angesehen werden.

Leider funktioniert das für uns Menschen sehr oft gar nicht. Die Exklusivität und Ausschließlichkeit von monogamen Beziehungen kann bei dem einen Menschen ein zum Scheitern verurteiltes Modell sein, beim anderen genau das Richtige.

Neue und alte Formen der Beziehungsstruktur bekommen wieder Aufschwung, egal, ob es die Polyamorie ist, wo regelmäßig Kongresse stattfinden, oder das professionelle und auch bezahlte Kuscheln. Die Szene der schwulen und lesbischen Menschen pflegt schon lange einen deutlich offeneren Umgang mit dem Thema Sex und Ausschließlichkeit.

Das Bild unserer Gesellschaft ist noch immer die Ausschließlichkeit. Wir wollen einen bestimmten Partner in einer ganz bestimmten Art und Weise. Dieser muss wirklich alles in sich vereinen und wir erwarten, dass er oder sie „geile Mutter und heilige Hure" genauso in sich birgt wie „Seelenpartnerschaft" und „Karrierecoach". Weil wir immer davon ausgehen, dass der andere genauso denkt, handelt, sich freut und ärgert wie wir selbst.

Wir haben die Vorstellung, dass wir unseren Partnern alles zumuten können, was uns in den Sinn kommt. Dieses „Zuviel" an Anspruch lässt Beziehungen im schlimmsten Fall scheitern. Wir erwarten vom Partner, genauso gut über alles reden zu können wie mit dem „besten Freund von Kindestagen an". Auch berufliche Perspektivenentwicklungen sind meist besser woanders aufgehoben, vor allem bei Menschen, die nicht so emotional gebunden sind wie der Partner in der eigenen Beziehung.

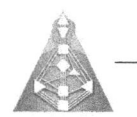

Das Human Design schaut genau auf die Unterschiede, auf das, was ich in einer Partnerschaft leben kann und was nicht. Es gibt Menschen, für die es aufgrund ihres Profils wirklich wichtig ist, eine Partnerschaft zu haben, die alles teilt. Sie sind auf die Beziehung sehr fixiert und würden am liebsten wie in einer einsamen Höhle leben und nichts und niemanden in die Nähe lassen.

Genau den Gegensatz dazu bilden Menschen, die viele Beziehungen leben wollen, die ein Hingehen und ein Weggehen leben und es als genuss- und lustvoll sehen, das so zu tun. Was für den individuellen Menschen richtig ist, egal, ob es das eine oder das andere oder ein Mittelding ist, ist laut Human Design genetisch festgelegt und kann im Chart sichtbar werden.

Das Buch ist dazu gedacht, die eigene Struktur und die des anderen zu erkennen und die Unterschiede zu entdecken. Wir gehen immer davon aus, dass der andere so ist wie wir selbst. Aber hier liegt ein großer Fehler. Der andere Mensch hat eine andere Basis und wir können nicht direkt von uns auf andere schließen. Beziehung ist dann schwierig, wenn wir uns dieser Unterschiede nicht bewusst sind. Das Buch gibt einen Einblick in das So-Sein des individuellen Menschen. Das Bewusstsein, dass uns das soziale Umfeld in ein Korsett schnürt, das oft gar nicht zu uns passt, öffnet manchmal die Augen. Vor allem, wenn es sozial nicht angesagt ist, so zu leben. Der Respekt vor dem „Anderssein" ist in unserer Kultur leider sehr schwach ausgeprägt.

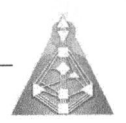

Wenn wir das Sprichwort „des eigenen Glückes Schmied zu sein" im Human Design anwenden, heißt das, Selbstverantwortung zu leben. Dazu gehört es, dass wir nicht äußere Autoritäten unser Leben bestimmen lassen, sondern die Entscheidung nach Typ, Strategie und Autorität treffen. Jeder, der seine Entscheidungen auf Grundlage dieser Erkenntnis trifft und das Gegenüber mit seinem Entschluss akzeptiert, wird anfangen, den Partner in seinem „So-Sein" zu akzeptieren. Dadurch werden bewusste Beziehungen geschaffen, die einen respektvollen und korrekten Umgang miteinander ermöglichen.

Im Buch werden Ihnen die Unterschiedlichkeiten auf allen Ebenen bewusst werden, egal, ob es die Zentren sind, die Typen, die Strategien oder das Profil. Wenn Beziehungen scheitern, ist es so, dass man kurz oder lange einen gemeinsamen Weg gegangen ist und der eine Partner auf einmal auf einen anderen Weg abbiegt. Es gibt keine Garantie, dass eine Beziehung hält, wenn etwas scheitert, geht es nicht um Schuld, es geht um Entwicklung und Entscheidungen.

Das Buch soll ein Beitrag sein, der uns in schuldfreien Beziehungen ohne Korsett leben lässt. Entweder wir lernen, mit der Struktur des anderen umzugehen, oder wir gehen einen anderen Weg weiter. Oft werden die Erwartungen nicht kommuniziert, die Projektionen auf den anderen sind riesig, meist weiß das Gegenüber aber nichts davon.

Es gibt Menschen, denen diese Projektionen häufiger passieren als anderen, dies sehen wir in dem Kapitel über die Profile. Auch gibt es bei den Profilen welche, die im Alter um fünfzig merken, ob der Partner, mit dem sie zusammen sind, der wahre Seelenpartner ist oder nicht. Veränderungen in Beziehungen sind ein Teil des Lebens und können nicht rückgängig gemacht werden.

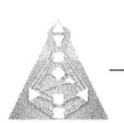

Wenn Vorstellungen nicht mehr funktionieren, kommen Schuldzuweisungen und die Frage nach der Gerechtigkeit auf. Wichtig in so einem Moment wäre, die Erwartungen herauszunehmen, weil sie mit dem Leben nicht mehr vereinbar sind. Der Versuch, den anderen zu verändern, funktioniert nie. Es gibt nur die Möglichkeit, sich selbst zu erkennen und mit innerer Sicherheit den eigenen Weg zu gehen.

Im ersten Kapitel über *die Zentren* erkennen Sie, wie sich eingefärbte und nicht eingefärbte Zentren in Beziehungen auswirken. Es geht darum, erst die eigene Struktur zu erkennen und wie man dadurch auf den anderen wirkt. Wir sehen dadurch, wie wir uns gegenseitig beeinflussen und prägen.

Gerade mit eingefärbten Zentren konditionieren wir den anderen offenen Menschen, egal, ob positiv oder negativ. Gerade in einer schlechten Stimmung kann das Gegenüber oft gar nicht wissen, was da gerade passiert. Das machen wir nicht in böser Absicht, sondern das funktioniert, indem wir dem anderen unsere Strukturen aufdrängen. Menschen können aufgrund ihrer Offenheit von anderen etwas aufnehmen, z. B. die Emotionen, und diese dann verstärkt widerspiegeln.

Wenn Sie das bewusst verfolgen, kann man erkennen, wie dadurch Interaktion funktionieren kann. Was auf der einen Seite beziehungsfördernd sein kann, ist auf der anderen Seite beziehungshemmend, denn wir finden alles hier, von der positiven Unterstützung bis zur Erpressung.

Zu erkennen, wie anders unser Gegenüber ist, und zu erfassen, wie der andere sozusagen „funktioniert", ist dabei wichtig. Dieses Wissen um die oft ganz gegensätzliche Grundstruktur kann uns helfen, in Beziehungen entspannter zu leben. Mit Achtsamkeit und Respekt mit unserem Gegenüber umzugehen, ist das Ziel. Manchmal sind schon unsere Kinder anders als wir selbst. Hier wäre auch sehr viel Respekt vor dem Anderssein notwendig, um unsere Kinder zu gesunden und selbstsicheren Erwachsenen zu machen. Das würde bedeuten, Kinder so zu behandeln, wie es genau für diese Kinder gut ist. Das fängt bei der Ernährung an und geht bis zum Zugang in der Sexualität.

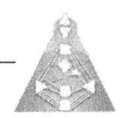

Das nächste große Kapitel sind *die Typen*. Dabei ist es wichtig, sowohl den eigenen Grundtyp wie auch den des Partners zu verstehen.

Die Typen haben neben unterschiedlichen Fähigkeiten auch oft eine völlig andere Lebensausrichtung. Die Entscheidungsstrategie und die innere Autorität sind ein wichtiger Teil davon. Es ist oft gar nicht einfach, dies zu verstehen, z. B. wenn der eine leiten soll und der andere die Arbeit durchführen.

Gerade in solchen Beziehungen entsteht öfter eine recht ungesunde Rollenumkehr. Die eigene Fähigkeit dann konstruktiv in die Beziehung zu bringen, braucht einiges an Verständnis und Respekt für dieses Anderssein. Wie die verschiedenen Typen dann miteinander interagieren, wird im Anschluss erklärt.

Im anschließenden Kapitel werden *die unterschiedlichen Profile* erklärt. Es ist der Teil des Buches, der sehr auf die individuelle Person, das eigene Profil und die eigene Sinn- und Zweckerfüllung im Leben fokussiert.

Hier wird sichtbar, was man selbst braucht, um ein befriedigtes, friedliches, erfolgreiches und überraschendes Leben zu leben. Wie unterschiedlich das sein kann, was andere Profile brauchen, wird hier sehr deutlich. Für den einen ist es wichtig, dass die Basis immer stimmt, und der andere braucht ein Netzwerk, in dem er lebt.

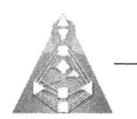

Das *Thema Sexualität* im letzten Kapitel bietet ein oberflächliches Eingehen auf die sexuellen Bedürfnisse des individuellen Menschen. Hier kann die Erkenntnis entstehen, dass die individuellen Bedürfnisse nicht unbedingt das sind, auf das wir ein Leben lang geprägt wurden.

Das kann letztendlich zu Problemen führen, wenn die eigenen Wünsche im Außen, also in der Gesellschaft verpönt sind. Man sollte lernen, zu den eigenen genetischen Veranlagungen zu stehen, um so ein schuldfreies Leben führen zu können.

Es ist oft ein Kompromiss, was wir in einer Beziehung leben, entweder weil in der Beziehung etwas wichtiger ist als Sex, wie die materielle Sicherheit, oder weil das gemeinsame Großziehen der Kinder im Vordergrund steht.

Es gibt auch Menschen, denen ein offenes Ohr wichtiger ist als Sex oder die einfach „to busy to have sex" sind, also zu beschäftigt sind, um Zeit für Sex zu haben.

Das Ziel ist es, authentisch sich selbst zu leben und den anderen im Anderssein zu akzeptieren, um so vielleicht aus dem Korsett Beziehung in eine Beziehung der Freiheit zu gelangen.

DAS CHART

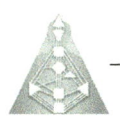

Das Chart

Der erste Schritt ist, dass Sie Ihre Daten (Geburtsdatum, Geburtszeit und Geburtsort) auf *www.jovianarchive.com* eingeben. Dort erhalten Sie eine Grafik – ein Free-Chart.

Hier sehen Sie das Chart von Ra Ur Hu, das folgende Informationen beinhaltet: Typ, Profil, Innere Autorität, Strategie, offene und definierte Zentren, Kanal, Tor.

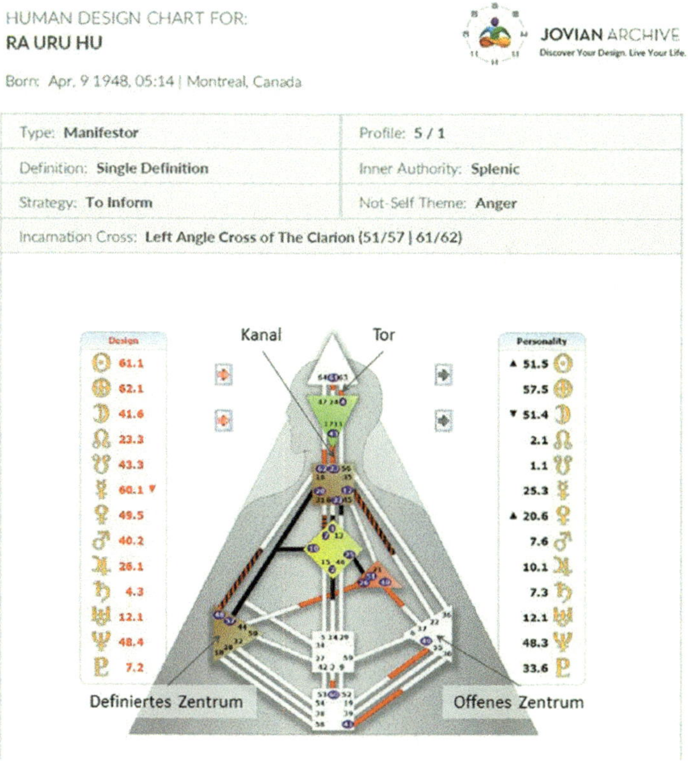

HUMAN DESIGN CHART FOR:
RA URU HU

Born: Apr. 9 1948, 05:14 | Montreal, Canada

JOVIAN ARCHIVE
Discover Your Design. Live Your Life.

Type:	Manifestor	Profile:	5 / 1
Definition:	Single Definition	Inner Authority:	Splenic
Strategy:	To Inform	Not-Self Theme:	Anger
Incarnation Cross:	Left Angle Cross of The Clarion (51/57 | 61/62)		

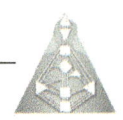

Einen Teil der Informationen in diesem Chart werden wir im Buch genauer behandeln, das sind die eingefärbten Flächen (Zentren), Typ, Strategie und Autorität und die Profile.

Die Kanäle und die Tore werden wir nur bei Bedarf einbringen. Das Inkarnationskreuz ist ein Thema für fortgeschrittene Human Design Anwender und wird in diesem Buch nicht besprochen.

Eingefärbte und nicht eingefärbte Zentren (Flächen)

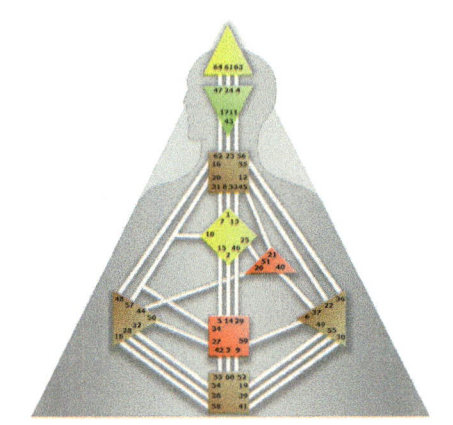

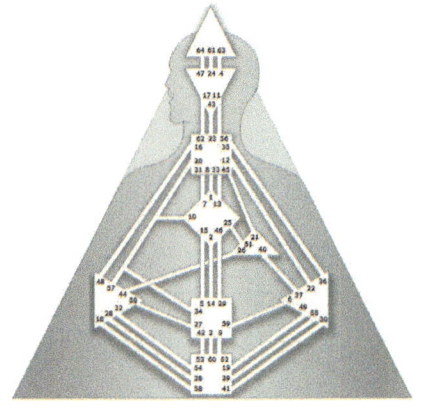

Definierte, eingefärbte Zentren   Offene, nicht eingefärbte Zentren

Die ersten Informationen, die wir genauer betrachten, sind die farbigen Flächen, die wir in der Folge als definiert bezeichnen. Ebenso die weißen, nicht eingefärbten Flächen, die als offen bezeichnet werden.

Definierte Zentren sind festgelegt, sie funktionieren in einer ganz bestimmten Form, sind ein beständiger Teil in unserem Leben. Es ist ein stabiler und konkreter Werkzeugkasten, der uns hilft, unser Leben zu gestalten.

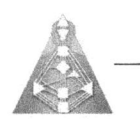

Ein definiertes Zentrum ist wie ein Sender. Es sendet kontinuierlich auf einer bestimmten, immer gleichen „Frequenz", vergleichbar mit einem Rundfunksender. Die offenen Zentren sind entgegengesetzt dazu der Empfänger „Radio", der alle diese Sender empfangen kann. Jede „Frequenz", die von außen, d. h. von den definierten Zentren der anderen Menschen kommt, wird wahrgenommen, übernommen und verstärkt. In den offenen Zentren ist man nicht festgelegt, sie sind damit auch nicht verlässlich, die Funktion ist nie gleich und steht auch nicht immer zur Verfügung. Dort, wo wir selbst offene Flächen haben, ziehen uns Menschen mit definierten Flächen magisch an. Dies sind jene Bereiche, die uns nicht vertraut sind, unsere Neugier entfachen, etwas, wonach wir uns sehnen. Wenn wir Menschen begegnen, die unsere offenen Flächen definiert haben, können wir daraus lernen. Was da genau passiert, wird in den folgenden Kapiteln an Beispielen erklärt.

Es gibt eine genetische Grundveranlagung in uns, sich für das zu interessieren, was wir selbst nicht sind. Man nennt das den „genetischen Imperativ". Das Überleben einer Spezies ist nur dann gesichert, wenn es möglichst viele Variationen im Genpool gibt. Das heißt in der Folge, wir interessieren uns im Leben oft mehr für das andere als für das eigene genetisch festgelegte Potenzial. Das ist auch der Grund dafür, dass uns die Unterschiedlichkeit in Beziehungen und in der Sexualität magisch anzieht. Wenn wir uns wundern, wie entgegengesetzt die Partner manchmal sind, finden wir die Antwort in dem genetischen „Anderssein".

Was passiert, wenn sich zwei Menschen treffen, der eine offen, der andere definiert? Das wird bei den einzelnen Zentren genau erklärt. Wichtig dabei ist, dass wir körperlich anwesend sind, denn durch die räumliche Nähe ist die Beeinflussung von außen möglich. Bei einer längeren Beziehung wird der Mensch mit den offenen Zentren von der Frequenz des anderen mit den definierten Zentren beeinflusst. Der Mensch mit dem offenen Zentrum funktioniert wie ein Spiegel, er lebt es mit oder lebt es nach, im positiven wie im negativen Sinn.

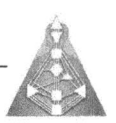

Ein Beispiel dazu: Menschen, die das Emotional-Zentrum definiert haben, haben ihre eigenen Launen und Stimmungsschwankungen. Sie bringen ihre Stimmungen sehr deutlich in eine Beziehung und in die Sexualität ein. Ist die zweite Person offen, nimmt sie diese Stimmung entweder nur wahr oder lässt sich wirklich davon beeinflussen.

Sich der eigenen und fremden Definition oder Offenheit bewusst zu sein, ist der erste Schritt, in der Beziehung Unabhängigkeit zu entwickeln. Mit dem Wissen, das diese Methode bietet, lernen wir, das Eigene vom Fremden zu unterscheiden. Gerade das offene Zentrum kann durch die unterschiedlichen Lernerfahrungen mit definierten Zentren zur Weisheit für andere Menschen heranreifen.

Sowohl negative als auch positive Emotion kann das Gegenüber mitreißen.

EIN BEISPIEL:
- *Bertram ist emotional definiert.*
- *Barbara ist nicht definiert, damit offen.*

Bertram kommt nach einem erfolgreichen Arbeitstag nach Hause. Er hat überraschend den Zuschlag für einen großen Auftrag bekommen. Er kommt mit dieser tollen Laune des Erfolges nach Hause.

Barbara hatte einen anstrengenden Tag, sie ist, bevor er kommt, nur müde, freut sich auf gemeinsames Essen und Fernsehen. Die positive Emotion von Bertram spiegelt und verstärkt sich durch Barbaras offenes Zentrum.

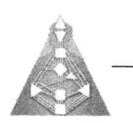

Sie beschließen, diesen Erfolg zu feiern, gehen in ihr Lieblingsrestaurant und ... Barbara ist vielleicht ein wenig verwundert, wie sie, wo sie doch immer so cool ist, mit Bertram manchmal ganz plötzlich die Welt in „Rosarot" erleben kann, aber sie genießt diese positive emotionale Welle mit ihm sehr.

DIE ZENTREN

Die Zentren

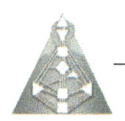

Die Zentren

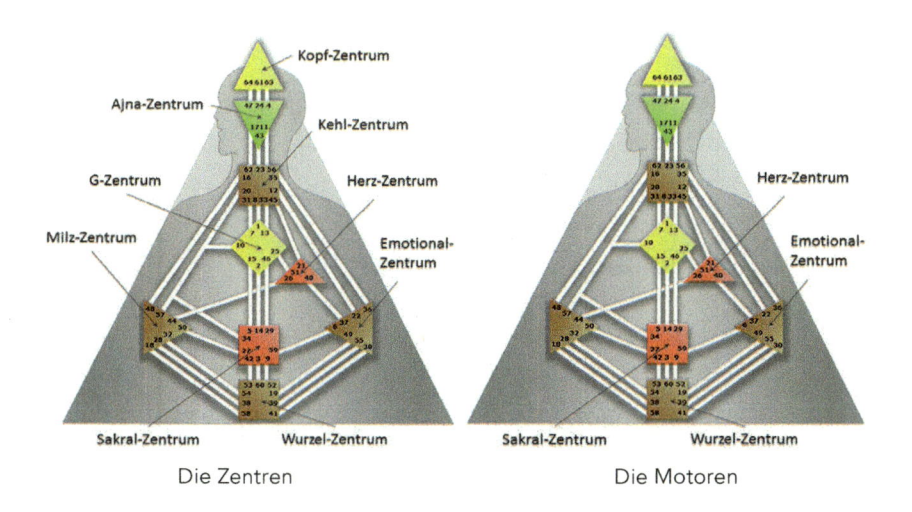

Die Motoren

Begriffe in den Tabellen

Der natürliche Zustand besteht, wenn ein Mensch allein ist, ohne Gesellschaft anderer Menschen. Dadurch gibt es keine Beeinflussung von außen. Das Zentrum ist so, wie es in seiner ursprünglichen genetischen Form gedacht ist, es ist die Veranlagung, die wir mitbringen.

Durch Anwesenheit eines anderen Menschen oder durch den aktuellen Stand der Planeten, den man Transit nennt, werden das Zentrum und damit der natürliche Zustand verändert. In der Folge sind zwei unterschiedliche Reaktionen möglich, die eine ist ein authentischer Zustand, die andere ein beeinflusster Zustand.

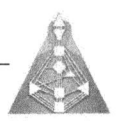

Der authentische Zustand entsteht durch die Erkenntnis des eigenen Seins in der Begegnung mit anderen. Wird das eigene Sein korrekt gelebt und aufgrund von Typ, Strategie und Autorität die richtige, gesunde Entscheidung getroffen, wird das Leben frei von Zorn, Bitterkeit, Frust oder Enttäuschung werden. Das Leben ist immer unser Leben, es bleibt gleich, aber wir werden es durch die richtigen Entscheidungen positiver erleben.

Details dazu finden Sie auch im Kapitel Typ und Strategie.

Der beeinflusste Zustand entsteht bei den definierten Zentren, wenn man aus dem Verstand heraus Entscheidungen trifft. Da können unterschiedlichste Faktoren dazu beitragen.

Es kann sein, dass man aus der Erziehung, von Freunden, vom Partner vorgelebte Entscheidungen übernimmt. Manchmal sind wir uns bei unserer Entscheidung nicht sicher, was das Beste ist, und nutzen die „Rechercheabteilung" Verstand für Entscheidungen, was selten gut geht.

Der beeinflusste Zustand bei den offenen Zentren ist die Identifikation mit den definierten Zentren und in der Folge das Treffen von Entscheidungen daraus.

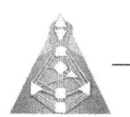

1. EMOTIONAL- ODER SOLARPLEXUS-ZENTRUM

	Definiert	Offen
Natürlicher Zustand	→ Einmal ist die Welt rosa und ein andermal dunkelgrau; → wenn man beide Seiten betrachtet hat, das Hoch und das Tief, dann ist Klarheit möglich; → keine Entscheidungen im Jetzt!	→ Emotional ruhig und a priori „cool"
Authentischer Zustand	→ Erlebt eigene, durch die Körperchemie ausgelöste, emotionale Höhen und Tiefen, diese bezeichnet man als emotionale Welle; → dadurch kommen Leidenschaft, Aufregung und Lebendigkeit ins Leben; → diese Menschen haben einen eigenen sexuellen Drive; → die Lust ist hier verankert und unterliegt der emotionalen Welle; → ist geduldig und wartet vor Entscheidungen die emotionale Welle ab.	→ Fähig zu erkennen, dass die Emotionalität immer von außen beeinflusst wird; → es gibt keine eigene emotionale Welle; → jede emotionale Höhe und Tiefe kann nachvollzogen werden, ohne sich damit zu identifizieren; → der Genuss, wenn die Lust von außen getriggert wird; → keine Schuldgefühle, wenn keine Lust da ist; → lässt sich nicht von außen beeinflussen, sondern bleibt „cool"; → lässt sich auf Konfrontation ein, unabhängig von der Emotion der anderen.
Beeinflusster Zustand	→ Den emotionalen Befindlichkeiten viel zu viel Bedeutung geben; → sich mit der Position in der Welle identifizieren; → Entscheidung auf Basis eines Momentzustandes treffen (egal, ob ein Hoch oder Tief); → will dem Tief der Welle entfliehen, immer auf der Suche nach den emotionalen Hochs; → für Lust und Unlust in der Sexualität werden äußere Gründe gesucht, ohne sie einfach als eigene Emotion und Resultat der inneren Chemie zu akzeptieren; → sehr ungeduldig, trifft spontane Entscheidungen, ohne die Klarheit abzuwarten.	→ Identifiziert sich mit der emotionalen Welle der anderen und verstärkt diese; → fühlt sich verantwortlich für das emotionale Befinden anderer; → bemüht, Konfrontation zu vermeiden; → lieber der Wahrheit aus dem Weg gehen, als die anderen in der negativen emotionalen Welle zu erleben; → lässt sich von den Emotionen anderer treiben, reagiert übermäßig in Konfrontationen; → verletzt sich und andere Menschen, so dass Beziehungen gemieden werden; → fühlt sich schuldig für die Unlust in der Sexualität und verantwortlich für die Lust des anderen.

1.1 Das definierte Emotional-Zentrum

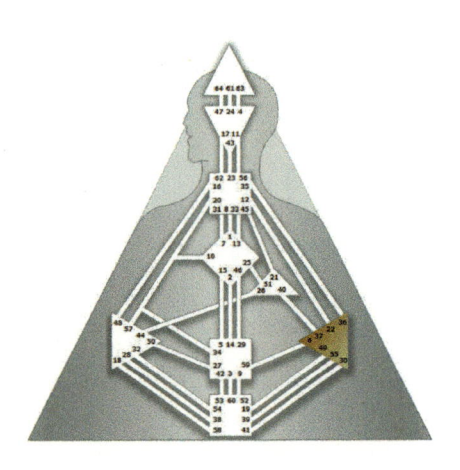

EIN BEISPIEL:
- Peter hat ein eingefärbtes, definiertes Emotional-Zentrum.
- Sabrina hat ein weißes, offenes Emotional-Zentrum.

Peter hat seit kurzer Zeit eine neue Freundin, Sabrina. Schon lange ist ihm keine Frau wie sie untergekommen, die so wundervoll, sexy und lustbetont ist. Jeden Tag freut er sich darauf, sie zu sehen, ihre fast hüftlangen braunen Haare sind zusätzlich ein Quell seiner Freude. Er erlebt einen Höhenflug wie schon lange nicht mehr. Er hat Sabrina jetzt ein paar Tage nicht gesehen und in der Firma gab es einen Konflikt, mit der Ex und den Kindern eine Krise. Er ist einfach schlecht drauf, weil die Welt ihn derzeit schlicht nervt.

Er hofft auf Besserung, wenn er endlich Sabrina trifft. Er kommt zum Treffen und würde dem Zustand der Welle gerne entfliehen. Doch da steht sie vor ihm mit einem adretten Kurzhaarschnitt, schwarz gefärbt.

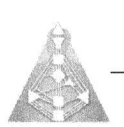

> *Peters emotionale Welle kippt in dem Moment, in dem er sie sieht, endgültig in den Keller. Er versteht überhaupt nicht, was er da bis jetzt in ihr gesehen hat. Was hat er sich da wohl eingebildet, die Frau ist ja gar nicht so, wie er das bisher wahrgenommen hatte. Er denkt kurz an die Ex mit ihren schwarzen Haaren, die macht ja eh gerade Stress mit den Kindern. Er sollte sich einfach mehr um die beiden Buben kümmern.*
>
> *Er entscheidet, Sabrina das auch gleich zu sagen, es ist einfach ein guter Zeitpunkt. Er sagt ihr, dass es doch nicht so passt, wie er das bisher gedacht hatte, und dass er die Affäre einfach nicht mehr weiterführen will.*
>
> *Als er das ausspricht, ist Sabrina völlig entsetzt, sie reagiert massiv und wirft ihm vor, sich wie ein Kind zu benehmen, wo jeden Tag alles anders ist, heute himmelhoch jauchzend, morgen zu Tode betrübt. Peter ist von der Massivität ihrer Reaktion völlig irritiert und gleichzeitig bestätigt es ihm seinen Entschluss, sich zu trennen.*

Mit dem definierten Emotional-Zentrum ist das Leben von Peter wie auf einer Schaukel, es geht immer rauf und runter, nie ist es ruhig. Es ist ein physiologischer Prozess, der diese emotionale Welle kreiert.

Die Gefühle tragen hoch hinauf, doch die Welle stürzt je nach Definition manchmal sehr schlagartig nach unten wie ein Brecher und manchmal ist es einfach ein Auf und Ab im Leben.

In der Welle, egal, ob oben oder unten, eine Entscheidung für oder gegen etwas zu treffen, ist immer ein Fehler. Emotional definierte Menschen sollten zu einem Thema beide Seiten der Welle abwarten.

Dies kann kurz sein, aber auch Monate dauern. Wenn Peter

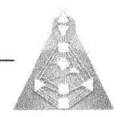

in dem Moment, in dem er gerade unten ist, die Entscheidung trifft, wird er es sicher bereuen.

Fünfzig Prozent aller Menschen haben dieses Zentrum eingefärbt und damit definiert. Es steht für Emotionen, für himmelhoch jauchzend oder zu Tode betrübt, und für Hoffnung und Schmerz, Erwartungen & Enttäuschungen.

Emotionen sind nie beständig, sie laufen immer in Wellen ab – vom Hoch zum Tief und wieder zurück. Wenn das Zentrum definiert ist, sollten wir unsere Entscheidungen mindestens einmal überschlafen. Klarheit zu finden, ist dann oftmals eine Herausforderung. Abzuwarten, bis die Welle durchgelaufen ist, beide Extremzustände – sowohl Höhe wie auch Tiefe – durchlebt wurden, ist die Empfehlung.

Um in der Klarheit und Ruhe anzukommen, braucht es Geduld. Wirkliche emotionale Klarheit ist dann da, wenn man bei der Entscheidung nicht mehr nervös oder unruhig ist.

1.2 Das offene Emotional-Zentrum

EIN BEISPIEL:

Sabrina hat Peter vor einigen Wochen kennengelernt, sie genießt es, seine Gefühle wahrzunehmen, er drückt stark und deutlich aus, was er für sie empfindet. Manchmal findet sie die Komplimente schon ein wenig überzeichnet, aber endlich kommt ihr das an Gefühl entgegen, was sie selbst fühlt.

Sie erlebt einen Höhenflug, wenn sie mit Peter zusammen ist. Sie freut sich den ganzen Tag schon auf das

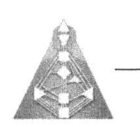

Treffen am Abend. Der Frisör hat ihr diesmal zu einem kürzeren Haarschnitt geraten und sie freut sich schon darauf, Peters Schmeichelei zu ihrer Veränderung zu hören.

Als sie sich am Abend treffen, ist vom ersten Augenblick alles anders als sonst. Die bisher immer positiven Gefühle sind weg, einfach spurlos verschwunden. Es ist, als hätte jemand den Stecker gezogen, kein Strom fließt mehr zwischen ihnen.

Als Peter dann noch sagt, für ihn passe es doch nicht, mit ihr eine längerfristige Beziehung einzugehen, ist sie völlig am Boden zerstört. Sie brüllt ihn an, ob er eigentlich weiß, was er will, steht vom Tisch auf und verlässt das Lokal.

Vor der Tür des Lokals atmet sie einmal durch und versteht gar nicht, was sie da geritten hat, so zu brüllen, wegen einer kurzen, verpatzten Affäre.

Wenn das Emotional-Zentrum nicht eingefärbt ist, wirkt es auf Menschen, die es eingefärbt haben, wie ein Parabolspiegel. Das offene Zentrum ist in seiner Grundenergie „cool". Wird es von einem definierten Zentrum konditioniert (beeinflusst), dann verstärkt es Emotionen des anderen.

Das offene Emotional-Zentrum intensiviert die emotionalen Wellen von Menschen mit Definition. Dies kann so stark sein, dass der Mensch mit dem offenen Zentrum seine ganze Coolness verliert, schlagartig die Fassung verliert und gar nicht weiß, wie und was da mit ihm passiert.

Wenn man sich aus dem körperlichen Feld bzw. der räumlichen Nähe begibt, ist man verwundert, was da gerade passiert ist, und schlagartig ist die Gelassenheit wieder da.

Das offene Zentrum liebt die positiven Emotionen der definierten Menschen, weil es angenehm ist, auf dieser Welle mitzusurfen. Den negativen Emotionen geht man gerne aus dem Weg und darum ist die Frage an Menschen mit offenem Emotional-Zentrum: „Gehst du Konflikt und Wahrheit aus dem Weg?"

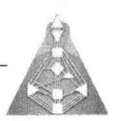

Wenn diese Frage mit einem klaren Ja beantwortet wird, dann identifiziert man sich mit den Emotionen der Menschen, die das Zentrum definiert haben. Zu erkennen, dass es nicht die eigenen Gefühle sind, die die Wellen verursachen, zu lernen, sich „lustvoll zu streiten" und den Konflikten nicht immer aus dem Weg zu gehen, ist ein deutlicher Schritt zu sich.

Das definierte Emotional-Zentrum bestimmt den Stimulus und die Lust in der Sexualität. Je nach Stand der Welle bei den in diesem Zentrum definierten Menschen ist manchmal mehr und manchmal weniger Lust bzw. Antrieb vorhanden.

Menschen mit offenem Emotional-Zentrum sind von dieser Lust- und Unlustwelle beeinflusst. Beides hat nichts mit der Qualität der Beziehung zu tun, sondern mit dem Punkt, an dem die emotionale Welle sich gerade befindet.

Bei Unlust in der Sexualität sollte keine Schuldfrage gestellt werden, da Lust kein kontinuierliches, fix vorhandenes Thema im Leben ist. Es ist reine Körperchemie und das gilt es, zu akzeptieren.

Unsere Gesellschaft gaukelt uns die Illusion vor, dass wir immer Lust haben und immer sexuell verfügbar sein sollten. Dies setzt viele Menschen unter Druck und hat nichts mit einer gesunden sexuellen Strategie zu tun.

Viele Beziehungsprobleme bzw. Beziehungskrisen entstehen aus diesem Missverständnis. Speziell schwierig wird es, wenn die Folgeinterpretation auf „er/sie hat keine Lust", „er/sie, liebt mich nicht mehr" ist. Das macht Beziehungen oft zu leidvollen Erfahrungen anstatt zu lustvollem Zusammensein. Es gibt weniger Probleme in Beziehungen, wenn dieses Grundprinzip von Antrieb und Lust der eigenen und der fremden Definition verstanden wird.

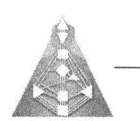

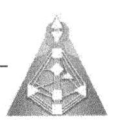

2. SAKRAL-ZENTRUM

	Definiert	Offen
Natürlicher Zustand	→ Power; → Arbeits- und Schaffenskraft, die auf einen Anstoß von außen wartet, um in Aktion zu treten; → Befriedigung nach getaner Arbeit	→ Es fehlt die eigene, ständig verfügbare Arbeits- und Schaffenskraft.
Authentischer Zustand	→ Durch Frage, die Ja (mhm) als Reaktion hat, entsteht der Zugang zur Arbeits- und Schaffenskraft; → wenn die Energie aktiviert ist, hat man ein enormes Durchhaltevermögen; → kann sich in dem Wissen entspannen, dass immer ein Anstoß von außen kommt und man die Möglichkeit hat, darauf zu reagieren; → erlebt eine festgelegte Art und Weise in der Sexualität; → Geduld ist der Schlüssel zum Erfolg.	→ Hat die Fähigkeit, die Arbeitskraft des definierten Zentrums nachzuvollziehen und, ohne selbst in diese Power hineingezogen zu werden, damit zu viel zu arbeiten und sich zum Supersklaven für andere zu machen; → übernimmt die Vitalität anderer und weiß, wann er/sie sich zurückziehen muss; → erlebt verschiedene sexuelle Spielarten, ohne sich mit einer zu identifizieren.
Beeinflusster Zustand	→ Durch Initiieren, ohne gefragt zu sein, ist unklar, ob Energie zur Verfügung steht; → trotz nicht vorhandener Energie etwas umzusetzen, führt dazu, dass die Arbeit nicht durchgehalten wird und Frustration entsteht; → durch Ungeduld tun wir Dinge, bei denen der Verstand sagt, wir sollen sie tun, es ist aber keine Power vorhanden, was wiederum zu Frustration führt; → nicht auf den Körper zu hören und damit in der Sexualität nicht die Erfahrung zu bekommen, die befriedigend ist.	→ Sich zum Supersklaven zu machen, mehr zu arbeiten und mehr zu schaffen als die Definierten; → dadurch überfordert und ausgelaugt sein; → nicht wissen, wann genug ist; → zu glauben, dass die sexuelle Energie der anderen die eigene ist, und sich damit identifizieren; → tendiert dazu, sich zu viel zuzumuten, unfähig „Nein" zu sagen, besonders wenn von einem definierten Sakral-Zentrum beeinflusst; → identifiziert sich mit sexuellen Spielarten anderer.

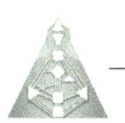

2.1 Das definierte Sakral-Zentrum

EIN BEISPIEL:
- *Beate ist sakral definiert (Typ Generator)*
- *Hans Peter ist sakral offen (Typ entweder Reflektor oder Manifestor oder Projektor)*

Beate feiert ihren zwanzigsten Geburtstag. Obwohl sie eine sehr schöne, feminine Frau ist, hat sie sich nie an jemanden gebunden. Sie ist Krankenschwester und arbeitet auf einer Säuglingsstation. Zum Geburtstag lädt sie auch die Ärzte der Station ein.

Hans-Peter ist ein junger Turnusarzt. Er ist kleiner als sie und Schnauzbartträger, was sie grundsätzlich hässlich findet, aber er gehört zum Team.

Als bei ihrem Fest ein Audi TT Coupé vor der Tür parkt, ist sie von dem Auto völlig hingerissen, es ist ihr Traumauto. Sie bemerkt, dass der Audi Hans-Peter gehört. Ihre Freundin erzählt ihr dann auch noch, dass er in einer riesigen Villa im Nobelbezirk wohnt, weil seine Eltern Chirurgen und extrem reich sind.

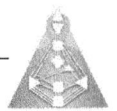

Hans-Peter hat immer wieder mit ihr geflirtet, aber sie wollte das nicht, alles in ihr sagte „nn" (Nein) dazu. Zu ihrer Freundin sagt sie dann: „Da sollte ich mich an das halten, was meine Mama gesagt hat – dass Liebe und Schönheit vergeht, nur das Geld bleibt".

An diesem Abend steigt sie zum ersten Mal auf den Flirt mit Hans-Peter ein. Er ist völlig hingerissen von ihr, macht ständig Komplimente und lädt sie für das Wochenende darauf zu einem Segelturn ein.

Beate registriert von Anfang an, dass für sie etwas nicht stimmt und die Beziehung kompliziert ist. Immer wenn Hans-Peter Sex will, muss sie sich dazu zwingen, es ist für sie ein lustloses Unterfangen und sie kann den Orgasmus nur vorspielen. Sie träumt von der Zeit mit ihrem verbotenen Jugendfreund Sandro, wo Sex noch wirklich ein Vergnügen war.

Trotz ihrer inneren Bedenken und körperlichen Widerstände entscheidet sie sich für die Beziehung und in der Folge für die Ehe. Sie hat ja sonst alles, was sie sich wünscht, trotzdem ist sie von Anfang an völlig frustriert und versteht das einfach gar nicht. Hans-Peter ist sexuell sehr aktiv. Als sie endlich schwanger wird, sagt sie ihm in einem kurzen Ausbruch „kannst du dir nicht für das Bett jemand anderen suchen".

Wenig später hört Hans-Peter auf, sie zu bedrängen. Sie legt ihren Fokus restlos auf das Kind. Die Sicherheit, die ihr Hans-Peter bietet, ist viel zu wichtig, um eigene Wege zu gehen oder über die Ehe nachzudenken. Als sie erkennt, dass Hans-Peter wirklich Affären hat, ist sie völ-

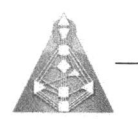

> lig enttäuscht von ihm. Als sie das ihrer Freundin erzählt und über ihren Beziehungsfrust jammert, reagiert diese ziemlich patzig. „Du wolltest einen Mann mit Geld, als du schwanger warst, wolltest du, dass er sich jemand anderen sucht, er macht das, was du willst, und du bist frustriert, was willst du eigentlich?"
>
> Beate wird klar, dass die Freundin recht hat. Es war nie die Liebe, die sie zu Peter hingezogen hat. Der Verstand und die mütterliche Prägung antworten auf die Reaktion der Freundin mit „Schönheit und Liebe vergeht, Geld bleibt" und sie bleibt in der Ehe, ist zutiefst frustriert.

Im definierten Sakral-Zentrum startet der Motor für die Arbeit, das mächtigste und kraftvollste Zentrum im Chart. Körperkraft, Verfügbarkeit und ein Teil der Sexualität entspringen hier, wenn das Zentrum aktiviert ist. Es funktioniert wie ein Generator. Dieses Einschalten wird beim Menschen durch Fragen von außen aktiviert und initiiert. Der Körper reagiert dann mit wohligen Brummlauten. Für jemanden, der Kaffee liebt, löst die Frage „Magst du Kaffee?" dann ein „mhm" (im Sinn von Ja) aus. Ist man zum Essen eingeladen, liebt die griechische Küche und wird gefragt „Magst du griechisch?", wird der Körper genauso mit einem „mhm" reagieren. Auch alle Fragen zu Beziehung und Sexualität werden von dieser Bauchstimme ganz direkt beantwortet. „Willst du mit mir eine Affäre?" genauso wie „Willst du mich heiraten?" oder die Frage „Magst du Sex?". Das Sakral-Zentrum hat keine richtige Stimme, die wirklich Ja oder Nein sagt, es ist die Bauchstimme, die brummt wie ein Motor, der anspringt.

Kommt, egal auf welche Frage, dieses „mhm" (im Sinne von Ja, ich habe Power dafür), dann erwachen die Lebensgeister, ein merklicher Energieschub durchströmt den Körper. Diese freigesetzte Energie kann im wahrsten Sinn des Wortes zum Aufspringen bringen, sie treibt an, aktiviert oder bringt den Menschen wirklich in Schwung.

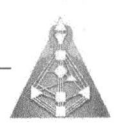

Die andere Seite ist ein „nn" (im Sinne von Nein, ich habe keine Power dafür), es entsteht kein Gefühl und null Energie ist spürbar. In unserer Geschichte oben reagiert Beate nicht auf ihre Bauchstimme, die ganz deutlich von Anfang an „nn" (Nein) zu der Beziehung mit Hans-Peter sagt. Dadurch kommt sie in einen Zustand, in dem sie keine Lust, keine Power, keine Motivation für die Beziehung hat, sie wird dadurch immer frustrierter. Frustration ist das Ergebnis, wenn man sich für das, was man denkt, und gegen die Bauchstimme entscheidet. Es kann sein, dass trotz einem deutlichen „mhm" etwas nicht glückt, aber in der Situation ist der Mensch dann nicht frustriert, sondern kann die Erfahrung, die er macht, einfach akzeptieren. Die „Bauchstimme" reagiert bei den meisten Menschen, die das Sakral-Zentrum definiert haben. Das aufmerksame Hinhören und die Achtsamkeit auf die eigene Körperreaktion sind trainierbar. Wer auf diese Stimme hört, steht auf jeden Fall befriedigter im Leben. Diese Befriedigung ist das, was entsteht, wenn man beim Gefragt-Werden, ein „mhm" hat und das die Schaffenskraft und die Power auslöst.

Es gibt immer mehr Klarheit, je länger man das übt. Leider kann man sich nicht selbst fragen. Aber das Leben fragt auch durch Kleinigkeiten, ein Gespräch, das man hört, einen Zeitungsartikel, ein Geräusch. Sie stehen im Lebensmittelgeschäft und wollen für das Abendessen Zucchini für eine Suppe mitbringen, leider sind die Zucchini aus. Sie schauen sich um und sehen einen Kürbis im Regal. Ihr ganzer Körper reagiert mit einem „mhm". Es hätte auch sein können, dass

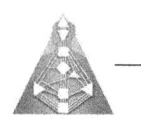

Sie darauf keine Reaktion haben, dann gibt es einfach keine Suppe.

Ein anderes Beispiel wäre, Sie wollten schon lange eine Weiterbildung für sich selbst machen, bis jetzt ist Ihnen noch nichts untergekommen, was sie interessiert und wo Ihr Körper „mhm" gesagt hat. Sie sitzen in der U-Bahn und lesen die Zeitung. Dort steht eine Anzeige für ein Seminar „Living your design", in dem Moment sagt alles in Ihnen Ja, am liebsten würden Sie aufspringen und das Seminar sofort buchen.

Wenn der Motor anspringt, ist Energie zur Verfügung und alles läuft leicht und unbeschwert. Mehr als zwei Drittel aller Menschen haben dieses Zentrum aktiviert. Alle – egal, ob Erwachsene oder Kinder –, die dieses Zentrum aktiviert haben, sollten über den Tag wirklich aktiv sein, um angenehm müde ins Bett zu gehen. Der aktive Motor sollte ausgelaufen sein, sonst ist es schwierig, Schlaf und Entspannung zu finden.

2.2 Das offene Sakral-Zentrum

EIN BEISPIEL:
- *Beate ist definiert.*
- *Hans-Peter ist offen.*

Für Hans-Peter ist neben dem Geld der Sex eines der wichtigsten Dinge im Leben. Er findet darin die Bestätigung, die er braucht. Als er Beate in der Arbeit kennenlernt, erwacht sein Jagdtrieb. Diese rothaarige feminine Schönheit ist genau das, was er sich an seiner Seite wünscht.

Als sie ihn zu ihrem Geburtstag einlädt, ist er sich sicher, er hat sie gewonnen. Schon zu Beginn ihrer Beziehung ist sie eine echte Herausforderung, weil es für ihn wie sonst nie (ungewöhnlicherweise nur mit ihr) immer wieder problematisch ist, seine Erektion aufrechtzuhalten. Da sie selten einen Orgasmus bekommt, muss er all seine Künste spielen lassen, um den Erfolg zu haben, den er für sich braucht. Er ist sexuell aktiviert und will so oft wie möglich diese gemeinsame Genusszeit haben. Immer wieder funktioniert es nicht so, wie er sich das vorstellt.

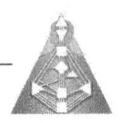

Als die beiden nach längerer Affäre beschließen, zu heiraten, wird Beate sehr schnell schwanger. In einem Streit sagt sie zu ihm, er solle sich jemand anderen für seine penetranten sexuellen Wünsche suchen. Das ist für ihn der Freibrief, den er immer haben wollte. Egal, wo er auftaucht, ob am Golfplatz oder im Club, die Mädels springen auf ihn an und er könnte sie alle haben. Mit anderen Frauen hat er nie das Problem, das er mit Beate hat, sein Körper funktioniert und damit seine Erektion.

Als das Kind mit zwei Jahren aus dem gemeinsamen Schlafzimmer ins eigene Zimmer zieht, hätte er gerne wieder Sex mit ihr. Er versucht, sie unter Druck zu setzen, und droht ihr sogar mit Scheidung, wenn es keinen Sex in der Ehe gibt. Der Ehevertrag macht klar, dass sie nichts bekommt, wenn sie sich scheiden lassen. Er hat sich und das Kind gut abgesichert. Er versteht überhaupt nicht, wie Beate so ohne Sex leben kann, und merkt, dass es ihm mit ihr im Bett bald auch keinen Spaß mehr macht.

Sie wird dadurch, dass er sie unter Druck setzt, immer frustrierter und noch lustloser. Nach einiger Zeit entscheidet er sich, in das zweite Schlafzimmer zu ziehen.

Sie würden sich gerne trennen, aber das Kind bedeutet beiden sehr viel, darum kommen sie in eine Beratung.

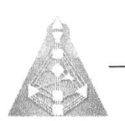

In der Beratung wird ihnen klar, dass der Einstieg in ihre Beziehung nicht gut war, sie hatten beide eine Kopfentscheidung getroffen. Die Gegensätze in ihrer Grundstruktur sind sehr groß. Klar wird ihnen auch, was durch die offenen und definierten Zentren in ihrer Beziehung ausgelöst wird. Durch den Einblick, den sie beide durch die Beratung bekommen, wird ihre Beziehung respektvoller, liebevoller und verständnisvoller, aber es ist ihnen dabei auch klar geworden, dass sie miteinander nicht glücklich sein werden. Sie entscheiden sich gemeinsam zu einer offenen Beziehung, die auf jeden Fall so lange bestehen soll, bis das gemeinsame Kind erwachsen ist.

Um eine körperliche Verfügbarkeit für Sexualität mit einem offenen Sakral-Zentrum zu haben, braucht es entweder ein bestimmtes Gegenüber, das definiert ist, oder eine bestimmte Zeitqualität.

Wenn so wie in dem obigen Beispiel bei Beate das Sakral-Zentrum nicht anspringt, damit keine Verfügbarkeit da ist, hat der Mensch mit dem offenen Zentrum manchmal Probleme mit der Erektion. Im Hotel oder im Club sind genug Menschen anwesend, das Feld schließt sich und er hat diese Probleme nicht mehr. Siebzig Prozent der Menschen im Hotel oder im Club haben ein definiertes Sakral-Zentrum. Wenn sie damit in einen Abstand von sechs Metern (Aura-Interaktion) zu einer anderen Person kommen, wird das definierte Sakral-Zentrum in einem Menschen mit offenem Sakral-Zentrum wirksam.

Menschen mit offenem, nicht eingefärbtem Sakral-Zentrum haben nicht so viel Energie zur Verfügung, brauchen mehr Regeneration und haben auch keine Körperstimme. Sie sollten über Arbeit lernen, aber keine Routinearbeiten durchführen. Diese Personen sollten erkennen, dass die sakrale Power, die von außen kommt, nicht die eigene ist. Sie steht dadurch auch nicht kontinuierlich zur Verfügung. Andere Menschen (bei körperlicher Nähe) und manchmal auch Zeitqualitäten stellen diese Energie zur Verfügung. Richtig haushalten zu lernen bedeutet in diesem Zusammenhang, trotzdem Pausen zu finden, auch wenn man sich kraftvoll fühlt, weil die Gefahr des „Ausbrennens" durch zu viel Fremdenergie immer da ist. Ein Beispiel dazu ist, dass wir diese fremde Power, die uns aktiviert, sehr klar erkennen können, wenn wir uns in eine Gruppe von Menschen begeben. Wenn wir uns in der Umgebung von anderen powervoll aktiviert fühlen, dann jedoch nach Hause kommen und auf einmal keine Power mehr haben, dann war es die Energie der anderen Menschen, die uns aktiviert hat. Die Gefahr dieser Fremdenergie ist, dass wir uns von dieser geborgten Energie versklaven lassen und auf dieser fremden Kraft unser Leben aufbauen. Manchmal glauben die sakral offenen Menschen, dass ihnen die anderen die Energie rauben, weil sie sich immer, wenn sie nach Hause kommen, völlig ausgelaugt fühlen. Aber das ist ein fataler Irrtum.

Würde man den sakralen Motor mit Strom vergleichen, dann läuft das Sakral-Zentrum mit Starkstrom, die anderen Motoren im Vergleich dazu mit Normalstrom. Das offene Sakral-Zentrum bekommt diese vibrierende Energie des definierten Zentrums und lädt das eigene Zentrum damit auf. Dann ist in dem Augenblick das Gefühl da, selbst ganz viel Energie zu haben und Berge versetzen zu können. Wenn das geborgte Feld sich wieder entfernt, ist nichts mehr oder nur noch sehr wenig da.

Menschen mit offenem Sakral-Zentrum sind gerne in Aktion. In der Beziehung bedeutet das manchmal, dass die Offenen, wenn Menschen mit dem definierten Sakral-Zentrum da sind, mit der geborgten Energie arbeiten bis zum Umfallen, weil sie nicht wissen, „wann genug ist". Das Wissen, das hier fehlt, ist, dass das offene Sakral-Zentrum nicht für die „alltägliche Arbeit" gemacht ist. Wichtig wäre es, an die Menschen abzugeben, die mehr Kraft haben. Sie merken im Beisein von anderen Menschen manchmal gar nicht, wie der Schwung verloren geht. Erst dann, wenn sie allein zu Hause sind, ist auf einmal die Luft raus und es geht gar nichts mehr. Sie sind gefährdet, über die Stränge der Energie zu schlagen, achten selten auf ihre Regeneration. Schon Paracelsus sagte: „Die Dosis macht das Gift". Es ist wichtig, zu lernen, wie man mit der Energie von außen arbeitet und gleichzeitig schonend mit sich umgeht.

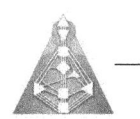

Die Frage beim offenen Zentrum ist: „Weißt du, wann genug ist?"

Offenes Sakral-Zentrum und Beziehung

Im Sakral-Zentrum findet man das Thema der Verfügbarkeit zur Sexualität. Auch die sexuelle Identität und alle Arten der Bindungsstrategie sind hier angelegt. Hier ist erkennbar, was für jeden Menschen individuell zutreffend ist – in Beziehung und Sexualität. Welches die „eigenen Muster" sind, abseits von den Prägungen und den gesellschaftlichen Vorgaben und was das in der Begegnung mit anderen Menschen bedeutet.

Beim definierten Sakral-Zentrum hat man seine eigene Art und Weise, wie Sex funktioniert und wie man verfügbar ist. Beim offenen kann man alles annehmen und alles nachleben, die Sexualität ist vom Partner abhängig. Vom Mönch bis zur Domina ist hier alles möglich.

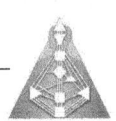

3. MILZ-ZENTRUM

	Definiert	Offen
Natürlicher Zustand	→ Das Wohlbefinden hängt von der eigenen Gesundheit ab.	→ Das eigenen Wohlbefinden ist abhängig von der Umgebung (Menschen, Tiere, Pflanzen, Transiten); → hat eine hohe Sensibilität
Authentischer Zustand	→ Das Immunsystem funktioniert auf eine genetisch festgelegte Art und Weise; → Gesundheit und Krankheit sind vom achtsamen Umgang mit dem eigenen Körper abhängig; → die eigenen Ängste dieses Zentrums sind Sicherheitsmechanismen, um das Überleben zu gewährleisten; → gibt im »gesunden Zustand« anderen Menschen ein Wohlbefinden in Beziehungen.	→ Akzeptiert die Unbeständigkeit des eigenen körperlichen Wohlbefindens; → erkennt die Gesundheit und die Krankheit bei anderen Menschen und in der Umwelt; → geht mit Ängsten so um, dass man sich nicht damit identifiziert; → fühlt sich in der Gegenwart der Definierten wohl, ohne daran festzuhalten, davon abhängig zu werden oder sich erpressen zu lassen; → reagiert niemals spontan!
Beeinflusster Zustand	→ Unvorhergesehene Probleme mit der Gesundheit entstehen aus dem Gefühl der Unverwundbarkeit; → ignoriert die Warnungen des Immunsystems, daraus können überlebenskritische Situationen entstehen; → kann die Definition in der Beziehung gegen Undefinierten als Erpressung verwenden.	→ Hält an Dingen, Beziehungen und Menschen fest, die nicht gut sind; → macht sich abhängig und erpressbar von definierten Menschen; → versucht immer wieder, spontan zu sein; → identifiziert sich mit den Ängsten der anderen und trifft daher ungesunde Entscheidungen.

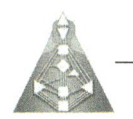

3.1 Das definierte Milz-Zentrum

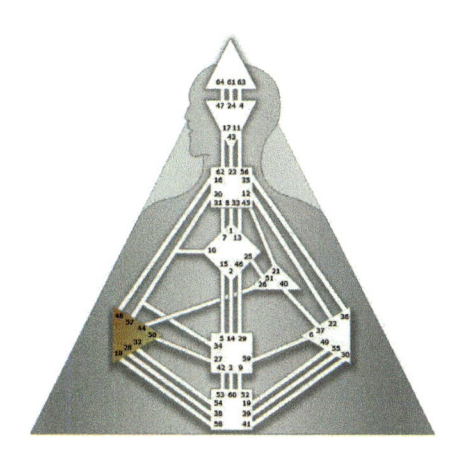

EIN BEISPIEL:
- *Chris hat eine definierte Milz.*

Chris ist jemand, der sich fast immer in seinem Körper wohlfühlt, er strahlt das auch aus. Andere Menschen sind gerne in seiner Nähe und genießen diese Ausstrahlung. Er selbst sagt über sich: „Ich habe es vorher gewusst und ärgere mich im Nachhinein, dass ich mich auf meine kleine feine innere Stimme, den Milzimpuls nicht verlassen habe."

Er lernt eine Frau kennen, die ihn sehr interessiert, als sie nach einem feuchtfröhlichen Abend gemeinsam im Bett landen, sagt ein Ganzkörpergefühl „Stopp", dabei rührt sich jede Zelle. Er ignoriert dieses Ganzkörpergefühl, denn der Verstand und der Alkohol im Blut sagen „Was soll schon sein".

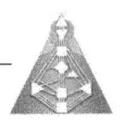

> *Als er zwei Wochen später eine Entzündung in der Harnröhre bekommt, diagnostiziert der Urologe ihm Tripper. Er kann nur im Nachhinein sagen: „Ich habe es gewusst, das Nein war da". Immer dann, wenn Chris sich nicht auf diesen ersten, kurzen, leisen Impuls verlässt, kann für ihn eine unangenehme Situation entstehen.*

In der Milz sind Instinkt, Intuition und Geschmack zu Hause. Es geht darum, im Jetzt zu wissen, was für den Körper wichtig ist, was gesund und was nicht gesund ist. Es geht hier immer um eine konkrete reale Gefahr!

Der Angriff von Viren und Bakterien führt zur biologischen Bedrohung. Bei Viren ist dies eine elementare Entscheidung des Körpers zwischen „du gehörst zu mir – alles gut" und „du gehörst nicht zu mir – raus". Das heißt, in der Milz entstehen schnelle, augenblickliche Impulse für Überlebensentscheidungen. Es ist ein leiser, kurzer Ganzkörperimpuls, der sich nur einmal meldet. Er ist mit dem Immunsystem verbunden und steht für Wohlbefinden und Gesundheit.

Mit einer definierten Milz hat man eine zuverlässige Körperintelligenz, die einem durch diese schnelle innere Regung sagt, was für den Körper korrekt ist. Dies ist nicht von anderen Menschen oder Umständen abhängig. Die Milz ist für die Ängste zuständig, diese sind ein Schutz und bieten damit die besten Überlebenschancen. Gas zu riechen, löst eine schnelle Reaktion aus, sinnvollerweise gehen wir aus dem Raum. Die Milz ist ein Warnsystem, ein Ganzkörpergefühl, so leise, dass es leicht in der Dominanz des Verstandes untergehen kann. Die Milz meldet sich nur einmal und nie wieder. Manchmal wirken diese Menschen unzuverlässig durch die Spontanität in der Entscheidung, die sie aus ihrer Intuition heraus treffen.

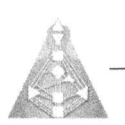

Von außen ist manchmal nicht klar, was da passiert, wenn sie auf einmal ihr Lieblingsessen nicht anrühren. Sie haben diese Intuition und können manchmal nur sagen „Ich habe es vorher gewusst".

Mit Menschen, die eine definierte Milz haben, fühlt man sich wohl, wenn sie gesund sind. Dadurch vertraut man ihnen auch mehr. In der Beziehung kann es sein, dass der Partner mit diesem Wohlgefühl, das man durch die Definition bietet, erpresst wird. „Ohne mich wirst du dich nicht gut fühlen", „Allein kommst du sowieso nicht zurecht", „Du brauchst mich einfach", sind solche Aussagen. Die Intuition ist hier ein wichtiger Teil des Lebens. Wenn Sie Ihrem intuitiven Wissen vertrauen, sind Sie besser beraten, als wenn Sie den Verstand einschalten. Der Verstand lässt uns recherchieren, das Für und das Wider abwägen, zu dem Zeitpunkt hat es schon lange gekracht. Das Auto, das aus der Nebenstraße kam, war schneller. Das Gefühl der Unverwundbarkeit, das diese Menschen manchmal haben, lässt sie bei gesundheitlichen Problemen einfach wegschauen. Nutzen Sie den effizienten Schutzmechanismus, den Sie haben, dadurch reduzieren sich die Risiken deutlich.

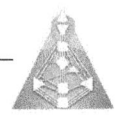

3.2 Das offene Milz-Zentrum

EIN BEISPIEL:
- Bianca hat eine offene Milz.
- Konrad ist definiert.

Bianca ist schon seit fast zwanzig Jahren mit Konrad verheiratet. Von Anfang an hat Bianca sich in der Beziehung mit ihm immer wohlgefühlt. Schon als sie sich kennengelernt haben, hat sich dieses Gefühl eingestellt, sobald er in ihrer Nähe war. Er hat von Anfang an wenig für die Beziehung getan, er hat sich nicht wirklich bemüht um sie. Aber seine Anwesenheit hat sie immer für alles entschädigt. Den Freundinnen hat sie immer erzählt, dass er so lieblos ist und so gar nicht auf sie schaut. Ihre beiden Buben sind mittlerweile erwachsen. Der ältere der beiden hat die Landwirtschaft des Großvaters übernommen und ist mit Leib und Seele Bauer.

Bianca arbeitet in einem kleinen Handelsunternehmen Teilzeit als Verkäuferin. All ihre Freizeit ist davon bestimmt, was ihr Mann und ihre Söhne wollen oder brauchen. Egal, ob es Kochen, Backen oder Am-Feld-Mitarbeiten ist, sie steht gerne zur Verfügung. Als das Unternehmen einen neuen Chef bekommt, der sie in der Firma genauso wie zu Hause unter Druck setzt, landet sie sehr schnell in einem Burn-out. Sie kommt in die Klinik, weil sie zittert und stottert und gar nichts mehr leisten kann.

Die Familie reagiert darauf nur mit Abwarten, bis sie wieder zur Verfügung steht. In der Rehabilitation wird ihr klar, so geht es nicht weiter, sie braucht auch Zeit für sich und auch für ihre Freunde. Sie ist in der Beziehung zu Konrad nur das Arbeitstier und bekommt weder Anerkennung noch Liebe von ihm. Gleichzeitig ist es so, dass sie sich immer wohlfühlt, wenn er da ist. Nach der Reha ist alles schlimmer als zuvor. Sie steht wieder voll zur Verfügung und ihre Freunde trifft sie gar nicht mehr. In Konrads Nähe fühlt sie sich wohl, und wenn Konrad etwas will, macht sie das gerne und sofort.

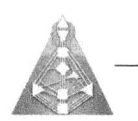

Die Beratung bricht sie ab, weil es ja nichts bringt. Die beste Freundin versteht überhaupt nicht, was da los ist, und spricht sie darauf an. Aber Bianca sagt nur: „Aber geh, die brauchen mich einfach und es ist auch gut, gebraucht zu werden". Bianca sucht sich einen neuen Job und das gleich Vollzeit, mit der Idee, ein wenig mehr Abstand zu bekommen, aber das klappt nicht. Sie arbeitet jede freie Minute in der Landwirtschaft des Sohnes mit, dann kann sie gemeinsam mit Konrad sein und dann fühlt sie sich wohl. Konrad hat immer neue Ideen und sie ist überall dabei, auch wenn sie sich oft zu müde fühlt.

Auf Empfehlung einer Kollegin kommt sie in die Beratung. Sie erkennt, dass ihr Wohlgefühl nur von ihrem Mann abhängt, weil er eine definierte Milz hat, und beschließt, sich einen Hund zuzulegen, der ihr dieses Wohlbefinden auch bringt. Dadurch ist sie viel in der Natur und versucht, das Wohlgefühl so zu bekommen. Die Beziehung verändert sich dadurch, weil sie erkennen lernt, dass Wohlbefinden nicht nur durch ihren Mann kommt, sondern auch durch Tiere und Natur. Dadurch wird sie weniger erpressbar und kann sich leichter entscheiden, ob dies die richtige Beziehung für sie ist.

Mit einer offenen Milz fühlt man sich allein oft nicht ganz wohl. Es ist ein ständiges „Auf-der-Hut-Sein", ein „Aufmerksam-undangespannt-Sein". Begegnet man einer definierten Milz, erlebt man Sicherheit und Wohlbefinden. Manchmal wird das zu einer ungesunden Abhängigkeit von anderen Menschen, wie in Biancas Geschichte. Sie fühlt sich in Konrads Nähe wohl und darum macht sie, was er möchte. Sie lässt die Situation über sich ergehen, nur um dieses Wohlgefühl zu haben, das der andere Mensch mitbringt. Dieses Wohlfühlen hat nichts mit der Situation zu tun, es ist die „Mechanik", die automatisch passiert. In dem Moment, wo offene und definierte Menschen zusammenkommen, übernimmt der offene Mensch das Wohlgefühl, aber auch die Ängste des anderen.

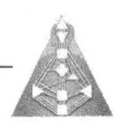

Das Körperbewusstsein ist die Intuition, der Instinkt und der Geschmack, die für Offene nicht verlässlich sind. Andere Menschen mit einer definierten Milz oder Tiere können eine Lösung bringen. Manchmal bringt ein neuer Hund oder eine Katze genau das mit, was es braucht, um sich trennen zu können. Alternative dazu ist es immer, sich das Wohlfühlen in der Natur zu holen. Der Wald ist das beste Umfeld für die offene Milz, da er die größte Milz der Erde ist.

Wichtig für die offene Milz ist es, wirklich heikel zu sein, „das Beste ist gerade gut genug"! Sinnvoll ist es, zu leben wie die Prinzessin auf der Erbse. Eine offene Milz ist hoch sensibel, riecht an allem. Weil sie nicht genau sagen kann, was gut für sie ist, muss sie doppelt vorsichtig mit allem sein. Die Spontanität ist kein guter Lehrer für die offene Milz. Der Mut zur natürlichen Wachsamkeit und Vorsicht ist essenziell. Auch die Furchtlosigkeit ist hier zu Hause.

Wenn jedoch jemand in die Nähe kommt, der Angst hat, ist es wichtig zu erkennen, dass es nicht die eigenen Ängste sind, sondern die des anderen, und sich davon nicht verrückt machen zu lassen. Es kann sogar zu völlig unverständlichen

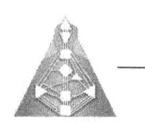

Panikattacken kommen, wenn Menschen mit definierter Milz im Umfeld sind, die Angst haben.

Kinder mit offener Milz kleben manchmal an den Eltern, klammern sich fest und können nicht loslassen, da sie sich allein nicht wirklich wohlfühlen. Haustiere können hier wirklich gut Abhilfe schaffen.

Ärzte mit offener Milz können gut wahrnehmen, wie es ihren Patienten wirklich geht, und auch erkennen, ob dringender Handlungsbedarf besteht. Mit dieser extrem hohen Wahrnehmungsgabe für das Gegenüber sind sie hervorragende Diagnostiker. Sie haben über Gesundheit und Krankheit gelernt und können wissen, dass es der andere ist, den sie wahrnehmen.

Sich wohlfühlen heißt nicht immer, dass man auch gesund ist, weil man den anderen spiegelt. Achten Sie auf Ihr Immunsystem, überfordern Sie es nicht.

Bei Krankheit ist es sehr wichtig, sich wirklich ganz auszukurieren. Es ist sinnvoll, auch mit einem Schnupfen zu Hause zu bleiben. Auskurieren ist die Chance, zu lernen! Der Körper lernt dabei, wie er mit den Erregern umgeht. Wenn man von Kindes Beinen an gelernt hat, sich gut auszukurieren, kann man gesünder sein als eine definierte Milz. Bei Erkrankung sollte die offene Milz es mit der Komplementärmedizin versuchen, wobei das nicht heißt, die Schulmedizin auszuschließen oder abzulehnen.

Es ist gut, vorsichtig zu sein, damit man nicht von den definierten Zentren überrumpelt wird. Wir sind immer durch andere beeinflussbar. Gerade dort, wo wir offene Zentren haben, neigen wir dazu, uns an den anderen zu orientieren. In der Beziehung ergibt sich dann die Situation, dass jemand mit einer definierten Milz viel unabhängiger agieren kann als jemand mit einer offenen Milz. Die offene Milz ist durch das Wohlgefühl abhängig und erpressbar.

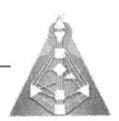

Nur Menschen, die man riechen kann, sind genetisch kompatibel für Sexualität. Da es beim Sex auch um das Kinderzeugen und die genetische Vielfalt geht, ist dieser Instinkt ein wichtiges Element in der Sexualität. Wenn Beziehungen sich verändern, kann es sein, dass wir jemanden nicht mehr riechen können, von einem Moment auf den anderen. Dann ist es nicht mehr gesund für uns, in der Beziehung zu bleiben.

Lernen Sie etwas über Gesundheit und Wohlfühlen und werden Sie damit eine Autorität für andere. Vorsicht ist ein guter Schutz! Fragen Sie sich einfach, ob Sie sich an „Menschen oder Dinge klammern, die nicht gut für Sie sind". Wenn das so ist, was dann?

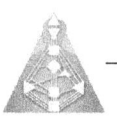

4. HERZ- ODER EGO-ZENTRUM

	Definiert	Offen
Natürlicher Zustand	→ Ständig verfügbare eigene Willensstärke.	→ Sensibel für Ego und Willen der anderen Menschen.
Authentischer Zustand	→ Natürliches Gefühl für Selbstwert; → kann sich Ziele setzen und diese auch erreichen; → kann Versprechen abgeben und diese auch einhalten; → materielle Sicherheit ist wichtig; → hat einen natürlichen Umgang mit Materie und Besitz; → braucht und macht regelmäßig Pausen, um sich zu erholen; → in der Beziehung werden getroffene Vereinbarungen eingehalten.	→ Versprechen und beweisen müssen, ist kein Bedürfnis für diese Menschen; → kann lernen zu erkennen, wer Leistung erbringen kann und wie Ziele erreicht werden können; → der gesunde Umgang mit Geld und Material kann erlernt werden; → liebt es, Geld auszugeben; → in der Beziehung werden Versprechen vermieden; → Formulierungen wie „ich werde das Beste tun" oder „ich werde es versuchen" sind genau richtig!
Beeinflusster Zustand	→ Die Selbstüberschätzung bewirkt, dass sie manchmal aus dem sozialen Gefüge ausgeschlossen werden, da ihre Aussagen wirklich egoistisch sind und sie damit die Menschen vor den Kopf stoßen; → in der Beziehung manipulieren sie andere, zwingen ihnen den Willen auf; → sie fordern, dass die getroffenen Vereinbarungen eingehalten werden.	→ Hat ein geringes Selbstwertgefühl; → gibt Versprechen, die er/sie nicht halten kann, und dadurch geht die Selbstwertspirale immer weiter nach unten; → aus dem Selbstwertdefizit heraus versucht man ständig, sich selbst und anderen etwas zu beweisen, um ein positives Selbstwertgefühl zu bekommen; → in der Beziehung trifft er/sie Vereinbarungen, die nicht haltbar sind, und ist dann frustriert, bitter, zornig oder enttäuscht.

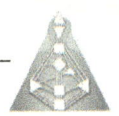

4.1 Das definierte Herz- oder Ego-Zentrum

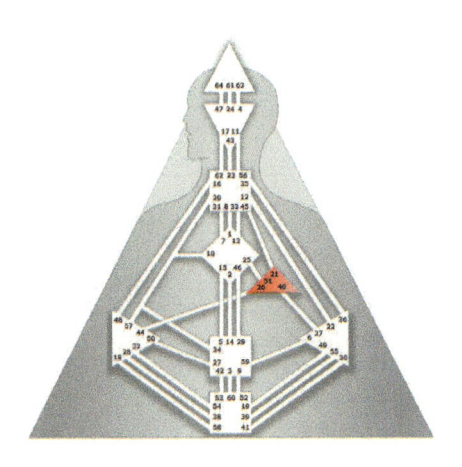

EIN BEISPIEL:
- Alexandra hat ein definiertes Ego.
- Patrizia ein offenes Ego. Mit dem offenen Ego ist es schwierig, ein gegebenes Versprechen zu halten.

„Ich will – ich will – ich will, sagt Alexandra ständig", erzählt Patrizia ihrer Freundin. „Mich ärgert es, dass sie nie zufrieden ist mit dem, was wir machen oder erreichen.

Alexandra hat schon wieder eine neue Idee zum Umbau im Haus. Zur Verbesserung unserer Lebensqualität hat sie gesagt. Wir sind gerade mit dem Küchenumbau fertig. Ich habe das Gefühl, ich bin seit ewig nur am Putzen und Räumen."

„Ist sie noch immer so extrem eifersüchtig?", fragt Petra und verdreht die Augen.

„Ja klar, sogar wenn ich mit der Yogarunde einen Ausflug mache, muss sie alles ganz genau wissen, wo wir gewesen sind, was wir gemacht haben, wen wir getroffen haben."

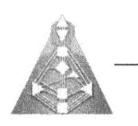

„Dass ich es nicht vergesse", unterbricht sie Petra, „am Donnerstag, also übermorgen, ist das Konzert, ich habe Karten für uns gekauft wie vereinbart."

„Ja cool, ich freu mich so darüber, endlich mal wieder raus und noch dazu genau diese Gruppe, jeah!"

Als Alexandra am Abend nach Hause kommt, erzählt Patrizia ihr sofort vom Konzert am Donnerstag und Alexandra reagiert entsprechend:

„Das ist nicht dein Ernst, am Donnerstag dort hinzugehen. Ich habe das entscheidende Meeting am Donnerstag und erwarte mir, dass du am Abend zu Hause bist und ich etwas zum Essen bekomme und mich entspannen kann".

„Bitte Alexandra, ich hab mich so gefreut über die Einladung von Petra."

„Ich finde, du hältst unsere Vereinbarungen nicht ein. Du bist in wichtigen Momenten nicht für mich da. Du hast den Luxus, dass ich genug Geld verdiene und du nur Teilzeit arbeiten musst. Du hast vieles, was andere Menschen nicht haben".

Am Ende des Gesprächs entscheidet Patrizia, bei Petra anzurufen und das Konzert abzusagen. Sie ist wütend auf Alexandra, kann sich aber dem Versprechen nicht entziehen. Petra ist beleidigt, dass sie sich nie durchsetzt und auch etwas gönnt und den Abend nicht mit ihr verbringt.

In der Beziehung mit einem definierten Ego (Alexandra) können Besitzdenken und Eifersucht sehr deutlich sein. Das Ehe- oder Beziehungsversprechen ist hier wirklich ein Deal, der klare Ziele und materielle Vereinbarungen beinhaltet. Solche Erwartungen in der Beziehung können sich in unterschiedlichsten Themen und Bereichen widerspiegeln. Dies kann sein, dass es wichtig ist, mindestens zwei Kinder zu haben. Auch für den Status der Familie sehr viel Geld zu verdienen und ganz hart zu arbeiten, kann ein wichtiger Faktor sein. Das neue Haus binnen kurzer Zeit, mit viel Eigenarbeit aus dem Boden zu stampfen, auf jeden Fall schneller als der Nachbar. Sexualität ist ein Teil der Partnerschaft und gehört zum Deal, den man gemeinsam hat.

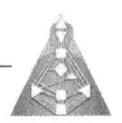

Mit einem definierten Ego-Zentrum hat der Mensch einen starken und klaren Willen, der ihn antreibt. Das sind Menschen, die sich etwas beweisen müssen und auch anderen gegenüber etwas beweisen können. Der Leistungsdruck, den der hier definierte Mensch hat, wirkt auch auf andere Menschen. Dies bedeutet, dass unsere Gesellschaft von ihnen zum Thema „größer, schneller und weiter" immer angetrieben wird. Dadurch, dass die offenen Zentren das, was das definierte Zentrum ausstrahlt, spiegeln und verstärken, ist es ein Thema, das uns alle sehr prägt.

So wie das Sakral-Zentrum ein großer Motor ist, ist das Ego ein kleiner Motor. Dieses Zentrum ist für das Besondere, das Schwierige, eine kurzfristige Hochleistung da, danach braucht es regelmäßige und klare Pausen. Menschen, die dieses Zentrum definiert haben, strahlen Ruhe und Selbstsicherheit aus. Da es in dem Zentrum auch um Selbstwert, Konkurrenz und individuelle Willensstärke geht, setzt dieses Zentrum andere oft stark unter Leistungszwang. Das Thema „Ich will" ist meist klar ausgeprägt und wenn sie etwas wollen, dann erreichen sie das auch. Weniger als ein Drittel der Menschen haben dieses Zentrum definiert. Das bedeutet, dass sich die offenen von den definierten Menschen unter Druck setzen lassen mit Leistungsorientierung und Zielsetzung. Definierte Menschen werden immer verärgert sein, wenn andere die Vereinbarungen, die gemeinsam getroffen wurden, nicht einhalten.

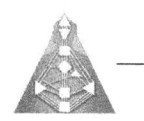

Darum sollte der Großteil nichts versprechen. Das definierte Ego-Zentrum bei Menschen ist oft mit dem Leistungsgedanken auch in der Sexualität verbunden. Sich ständig beweisen müssen und zeigen, wie gut und leistungsfähig man ist, kann in Beziehungen Thema sein.

4.2 Das offene Herz- oder Ego-Zentrum

EIN BEISPIEL:
- *Alexandra hat ein definiertes Ego.*
- *Patrizia ein offenes Ego.*

Patrizia findet die aktive und leistungsbereite Alexandra von Anfang an sehr anziehend. Sie hält, was sie verspricht, das ist ihr selbst das ganze Leben lang schwergefallen. Wenn Alexandra da ist, fühlt sie sich sicher und kann sich an ihrer Stärke anlehnen. Die Vereinbarung, die sie getroffen haben, ist, dass Alexandra den Großteil des Geldes in die Beziehung einbringt und Patrizia dafür für Haushalt, Organisation und Entspannung zuständig ist.

Alexandra besteht darauf, dass Patrizia, wenn sie nach Hause kommt, für sie zur Verfügung steht. Da sie immer pünktlich um 19 Uhr kommt, ist es für Patrizia leicht zu organisieren. Wenn Alexandra zur Tür hereinkommt, stehen ihre Lieblingshausschuhe neben der Eingangstür und das Essen ist fertig. Alexandra sind diese gemeinsamen

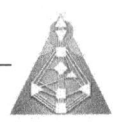

Stunden am Abend sehr wichtig, es ist ihr gemeinsames Ritual, wo sie sich gegenseitig den Tag erzählen und bei einem gemütlichen Drink entspannen.

Eines Abends hat Patrizia Fieber, sie ist krank und konnte sich nicht um alles kümmern. Sie hat sofort ein schlechtes Gewissen, weil nichts funktioniert hat. Das Essen ist noch nicht fertig und die Schuhe stehen noch nicht an der Tür, als Alexandra heimkommt. Das kurze, strenge „Patrizia", das von der Eingangstüre kommt, macht ihr sofort Schuldgefühle. Sie kennt das gut, immer, wenn sie es nicht schafft, alles zu erfüllen, was Alexandra will, ist es so.

Sie haben es gemeinsam vereinbart und sie hat Ja dazu gesagt. Sie fühlt sich nicht nur wegen des Fiebers elend, sondern auch, weil sie es immer wieder nicht schafft, das Vereinbarte einzuhalten. Immer wieder sagt Alexandra „Du versprichst mir etwas und hältst es nicht ein, was ist so schwer daran, zu kochen und auf mich zu schauen."

Einmal, als sie wirklich wütend war, hat sie geantwortet: „Ich sollte Hure, Mutter und Freundin in einer Person sein, aber das klappt nicht immer, es tut mir leid." Sie versucht es immer wieder, die Vereinbarungen einzuhalten, aber sie schafft es nicht und versteht nicht, warum.

Als Mensch mit einem offenen Ego sollte man in der Beziehung keine Versprechen machen. Das offene Ego ist nicht dazu da, Vereinbarungen zu treffen und diese penibel einzuhalten, weil es nicht ständig die Energie zur Verfügung hat. Das Ego ist ein Motor, wenn die Energie nicht mehr da ist, kann es sein, dass es nicht mehr gelingt, das Versprechen zu halten! Aussagen wie „ich werde es versuchen", „ich tue mein Bestes", sind genau die richtigen. Die definierten Egos fordern es ein und verstehen es meistens gar nicht, wie jemand so anders sein kann. Es ist ganz wichtig, keine Vereinbarungen und Deals zu treffen, sondern Ziele als Möglichkeit in Betracht ziehen. Das wäre hier der richtige Impuls für ein entspanntes Leben. Trifft man mit dem offenen Ego Vereinbarungen, ist es oft so, dass man sie nicht einhalten kann, und dann ist ein „Sich-schlecht-Fühlen" vorprogrammiert. Einige Punkte für Frauen sind dabei „Diäten und Fitness oder gute Mutter zu sein, als Frau ihren Mann zu stehen". Die Männer leben dann „Leistungsorientierung, Zielsetzung oder aufgeblasene Egos, die sich immer beweisen wollen, egal, ob im Sport, mit dem Auto oder dem Motorrad". Durch das offene Ego verlaufen diese Aktionen dann immer wieder im Sand oder scheitern. Menschen, die definiert sind, verstehen nicht, warum man seine gesetzten Ziele schon wieder nicht erreicht hat. Mit dem offenen Zentrum kann man immer wieder etwas versuchen, aber ob man es schafft, das Ziel zu erreichen, bleibt offen und ist jeden Tag eine neue Herausforderung.

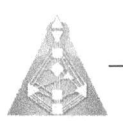

Ein Mensch mit offenem Zentrum, der sich dessen bewusst ist, muss nicht in diese Leistungsorientierung von „größer, schneller, weiter" einsteigen. Es geht für ihn darum, über Selbstwert und Zielorientierung zu lernen. Der Selbstwert kann „für ihn" durch „sich beweisen müssen" nicht erzielt werden. Die definierten Egos prägen das gesellschaftliche Bild von Leistungsorientierung. Es ist schwer, aus diesem Leistungsdenken auszusteigen. Dieses Sich-ständig-beweisen-Müssen prägt die offenen Menschen in ungesunder Art und Weise.

Darum ist hier die Frage an das offene Zentrum: „Versuchst du, dir und anderen etwas zu beweisen?"

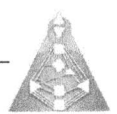

5. DAS G-ZENTRUM

	Definiert	Offen
Natürlicher Zustand	→ Empfinden von Identität, Liebe und Richtung.	→ Kann jede Identität, Liebe und Richtung nachempfinden.
Authentischer Zustand	→ Die eigene Orientierung im Leben haben; → wissen, wer man ist, was einen ausmacht; → lebt seine eigene Art der Liebe; → höhere Form der Liebe nicht personenbezogen; → hat ein Gefühl für den eigenen Lebensweg; → dominant in der Bestimmung von Weg und Richtung in der Beziehung.	→ Hohe Sensitivität für Orte und Identitäten; → kann jede Identität nachvollziehen; → offen für die unterschiedlichen Formen der Liebe und der Richtung; → kann Liebe und Richtung für vieles entwickeln und übernimmt dies auch vom definierten Partner.
Beeinflusster Zustand	→ Versucht, extrem dominant zu sein, lässt andere Richtungen nicht gelten.	→ Immer auf der Suche nach Liebe und Richtung; → lebt in der Illusion, die eigene Identität, Orientierung, Liebe und Richtung zu finden; → die Lebensrichtung ist von anderen geprägt; → passt sich anderen an und lebt nicht das Eigene.

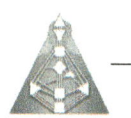

5.1 Das definierte G-Zentrum

EIN BEISPIEL:
- Astrid hat ein definiertes G.
- Konrad ein offenes G.

Als Konrad Astrid kennenlernt, ist es in seinem Leben wichtig, immer aktiv und beschäftigt zu sein, bevorzugt durch die berufliche Arbeit. Sport, Gesundheit und Landleben sind kein Thema für ihn. Dazu kommt, dass er seit Jahren sehr viel raucht und sowieso lieber in der Stadt lebt, weil es maßgeblich ist, in der Nähe der Arbeit zu wohnen.

Astrid ist das komplette Gegenteil von ihm. Sie eine sehr aktive Frau und zu ihren Hobbys gehören Tauchen, Klettern und Reiten. Dazu ist ihr die vegetarische Ernährung wichtig und sie möchte unbedingt auf dem Land leben. Trotz ihrer Unterschiedlichkeiten verlieben sich die beiden ineinander.

Nach kurzer Zeit in der Beziehung beginnt ihr definier-

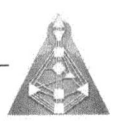

> tes G, sein offenes G zu beeinflussen. Einladungen, die sie ausspricht wie „magst nicht mitkommen zum Klettern, ich würde gerne aufs Land ziehen, ich mag das so" gewinnen ihn.
>
> Er lässt sich am Beginn aufgrund der Verliebtheit und der Offenheit überreden und beginnt, mit ihr gemeinsam in Bewegung zu kommen und sogar zu klettern. Als er merkt, dass ihm so oft die Luft fehlt, hört er auf, zu rauchen. Er hofft, dadurch seine eigene Liebe und Richtung und Identität zu finden.
>
> Sie ist glücklich darüber, dass sie endlich einen Partner hat, der die gleiche Richtung liebt wie sie. Nach zwei Jahren ist es dann so weit. Astrid hat ein Haus entdeckt, nicht zu weit weg von seiner Arbeitsstelle, aber trotzdem auf dem Land. Auf einmal passt es für ihn doch und er sagt Ja dazu. Über die Jahre werden ihm die Pferde und ihre Liebe dazu auch immer vertrauter und er beschließt, sich auch eines zu mieten, um gemeinsam die Freizeit verbringen zu können.

So wirkt im Laufe der Zeit die Beeinflussung von Liebe und Richtung von Astrid. Was jedoch nicht bedeutet, dass man hier eine Richtung findet, die keinen Spaß macht und nur geprägt ist. Konrad hatte in der Arbeit Kollegen, die Golf spannend fanden, und er hat es ausprobiert. Als er dann die Firma gewechselt hat, blieb diese Freizeitbeschäftigung nicht in seinem Leben, weil sich seine Liebe dafür als nicht ausreichend gezeigt hat.

Identität, Richtung und Liebe sind die Begriffe, für die dieses Zentrum steht. Im Bereich der Identität ist es die Frage „Was macht mich aus?", in der Richtung „Wohin gehöre ich?" und in der Liebe „Was im Leben liebe ich bedingungslos?". Es geht nicht darum, die romantische sexuelle Liebe zu finden, sondern die höhere Liebe, die Liebe zu allem. Im G-Zentrum finden wir auch die räumliche Orientierung, Menschen mit definiertem G finden sozusagen „überall hin". Diese Menschen haben einen roten Faden im Leben und eine klare Vorgabe, welche sich durch das Leben zieht. Der innere eingebaute Kompass findet überall hin. Das soziale Umfeld eines Menschen mit definiertem G wird sich einer sozialen Schicht zugehörig fühlen oder einem Land oder einer Gruppe. Ein Beispiel wäre, alle Freunde haben einen speziellen Abschluss, alle haben einen gelernten Beruf, alle haben eine bestimmte politische Haltung oder die gleichen Werte oder die gleiche Freizeitbeschäftigung.

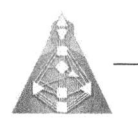

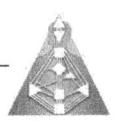

5.2 Das offene G-Zentrum

EIN BEISPIEL:
- *Sascha hat ein offenes G-Zentrum. Auf seinem Lebensweg begegnen ihm immer wieder Menschen, die ganz eng sind und ein definiertes Zentrum haben.*

Sascha ist gerade vierzehn Jahre und überlegt, welche Ausbildung er machen möchte. Den Eltern ist alles recht und sie lassen ihm jede Richtung offen. Die nächste Bezugsperson ist zu diesem Zeitpunkt seine Schwester Alma, die vier Jahre älter ist, eine große Liebe zur Landwirtschaft hat und darum Umwelttechnik studieren will.

Sascha findet, es ist eine gute Idee, in diese Richtung zu gehen, und entscheidet sich für die gleiche Schule wie Alma. Er macht die Matura und beginnt das Studium der Bodenkultur. Gleichzeitig mit Studienbeginn zieht er auch mit seiner ersten Freundin zusammen, die Forstwirtschaft studiert. Nach einem halben Jahr ist er von ihrer Begeisterung für das Studium angesteckt und beschließt, Forstwirtschaft als Zweitstudium zu starten.

Als die Beziehung in die Brüche geht, ist er sich auf einmal gar nicht mehr so sicher, ob das Zweitstudium das richtige für ihn ist, und beendet es. Als er seine zukünftige Frau kennenlernt, die zu diesem Zeitpunkt Jus studiert, beschließt er, doch noch einmal das Studium zu wechseln und Richter oder Rechtsanwalt zu werden.

Er wird ein erfolgreicher Anwalt und gründet mit einem Studienkollegen eine eigene Kanzlei. Viele Jahre später lässt sich das Paar scheiden, aber dadurch, dass er mit einem Kollegen die Praxis hat, wird seine Liebe zur Arbeit jeden Tag aufs Neue wieder aktiviert. Er ist erfolgreich als Anwalt, er kann die Richtungen, die Menschen gehen, immer gut nachvollziehen und ist darum eine hervorragende Vertretung auch in sehr ungewöhnlichen Fällen. Er ist zufrieden mit der Identität, die er für sich über die Jahre aufgebaut hat.

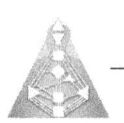

„Ich muss eine eigene Identität oder Richtung haben und wissen, wo ich hingehöre", funktioniert beim offenen G-Zentrum leider nicht. Menschen, die hier offen sind, haben keine festgelegte Richtung im Leben. Sie passen sich ihrer Umgebung an und den Personen, die in ihrem Umfeld sind.

Sie finden ihre Identität durch Beziehungen, aber es müssen die passenden sein. Mit dieser Offenheit ist es wichtig, dass der Ort, an dem man lebt, arbeitet, einkaufen geht oder Kaffee trinkt, passt. Der richtige Ort bringt die richtigen Menschen ins Feld. Es geht nicht darum, zu wissen, wer man selbst ist.

Es geht darum, sich mit Menschen und Orten wohlzufühlen. Am richtigen Ort und mit den richtigen Menschen zu sein, bringt das Gefühl von Freiheit, Unabhängigkeit und Liebe.

Menschen mit offenem G haben keine eigene höhere (bedingungslose) Liebe im Gegensatz zur romantischen Liebe. Da beim offenen Zentrum die Richtung fehlt, geht man auf die Suche nach der eigenen Lebensrichtung. Das können mehrere Studien genauso sein wie ständige Ortswechsel, das kann von einem Selbstfindungsseminar zum nächsten führen.

Die Frage „Wer bin ich?" wird dadurch aber nicht beantwortet. Manchmal entsteht ein Gefühl von Gefangen-Sein dadurch, dass man in den falschen Beziehungen ist, die uns in die falsche Richtung bringen.

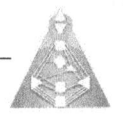

Für viele Menschen ist die Information zum offenen G-Zentrum sehr hilfreich. Zu wissen, dass man nicht mehr suchen muss, weil es nichts zu finden gibt, entspannt deutlich. Ständig stellen wir unsere eigene Identität infrage. Das, was wir selbst sind, ist nicht verlässlich, da es nicht festgelegt ist.

Die große Offenheit, die daraus entspringt, kann ein Gewinn sein, aber für viele Menschen ist sie belastend. Mit einem offenen G-Zentrum kann man viele Menschen verstehen, egal, welche Richtung oder Liebe sie haben, ob es die Nonne im Kloster ist oder der Mörder im Gefängnis. Man kann deren Beweggründe verstehen und ihre Handlungen nachvollziehen.

Dann sind wir offen für verschiedenste Lebensrichtungen und Arten zu leben. Das kann sein, vom Vegetarier zum Fleischesser zu werden oder vom Umweltverschmutzer zum Ökofreak. Dadurch, dass sie jede Richtung im Leben nachfühlen können, werden andere Menschen von ihnen gut unterstützt, wenn sie auf der Suche sind. Es fällt diesen Menschen leicht, sich in andere einzufühlen und sie dadurch in Richtung und Liebe zu unterstützen. Eine echte, liebevolle und korrekte Führung kann daraus entstehen.

Wichtig ist, sich nicht mit den anderen Menschen zu identifizieren, sondern aus allen Begegnungen zu lernen. Die Identität ist nicht verlässlich, weil sie nicht festgelegt ist. Sich an dem Ort, an dem man lebt und arbeitet, wohlzufühlen, ist die Basis, jene Menschen kennenzulernen, die Ihnen gut tun.

Wenn Sie neue Menschen kennenlernen, so führen diese Sie an die richtigen Orte, wenn der Mensch nicht passt, fühlt man sich an dem Ort nicht wohl.

Wie findet man mit einem offenen G die richtige Liebe und Richtung und wie erlebt man die eigene Identität? Wenn wir nicht mehr auf der Suche sind, weil fast jede Richtung möglich ist, sind wir frei, andere in Liebe und Richtung zu begleiten. Es ist eine wunderbare Möglichkeit, um damit in der Beratung von Menschen zu arbeiten.

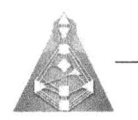

Die räumliche Orientierung ist auch ein Lernfeld für das offene G. Manche Menschen können sich sehr gut mit Karte und Kompass orientieren, sodass sie sich nie verirren. Aber einen inneren eingebauten Kompass wie das definierte G hat das offene G nicht.

Die Suche nach Liebe und Richtung kann aber auch eine ganz andere Facette bekommen und in die Sucht führen. Wenn man im falschen Freundeskreis landet, ist es sehr leicht, in eine Abhängigkeit von Suchtmitteln zu geraten. Die Orte und die Menschen, die uns umgeben, bestimmen unseren Weg.

Wenn Sie offen sind, stellen Sie sich die Frage: „Suchst du nach Liebe und Richtung?" Wenn hier ein klares Ja kommt, ist man noch in der Identifikation mit der Offenheit und nicht im Lernen und Erkennen.

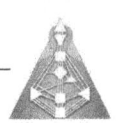

6. AJNA-ZENTRUM

	Definiert	Offen
Natürlicher Zustand	→ Eine festgelegte Art des Denkens.	→ Keine festgelegten Konzepte; → keine fixen Gedankenmuster.
Authentischer Zustand	→ Fixe Struktur, um Informationen zu verarbeiten; → fühlt sich mit Konzepten wohl; → genießt das gedankliche Forschen; → immer aktiver Recherchebereich; → Denken und Erstellen von Konzepten funktioniert immer gleich; → in der Beziehung feste Konzepte, wie Beziehung funktionieren soll.	→ Anpassungsfähiges Denken; → lässt sich von Ideen und Konzepten anregen; → akzeptiert keine fixen Konzepte und Gedankenmuster; → erfreut sich an der Offenheit und Vielseitigkeit von Intelligenz; → inspiriert von unterschiedlichsten Beziehungskonzepten.
Beeinflusster Zustand	→ Dem Denken zu viel Bedeutung zumessen; → grundsätzlich mentale Entscheidungen treffen; → das Denken kann das Leben dominieren; → versucht, mit den Beziehungskonzepten zu dominieren und Beziehungsprobleme über das Denken zu lösen.	→ Festhalten an Konzepten, die unhinterfragt übernommen werden, diese werden auch noch verteidigt; → permanente Sorge des nicht verlässlichen Denkens; → Angst, nicht intelligent zu sein; → sehnt sich nach mentaler Sicherheit; → hält an eingeprägten Beziehungskonzepten fest.

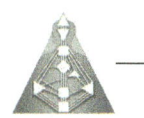

6.1 Das definierte Ajna-Zentrum

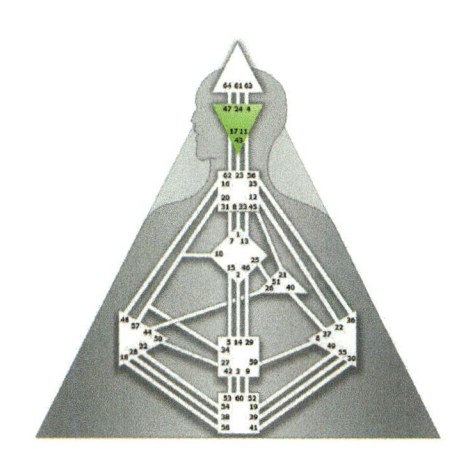

EIN BEISPIEL:
- Peter hat ein definiertes Ajna.
- Margot ist offen.

Für Peter ist es völlig klar, was zu Leben und Beziehung einfach dazugehört. Um seine familiären Pflichten zu leben, ist es notwendig und richtig, dass er einmal die Woche zu seiner Mutter essen geht. Das macht er immer mittwochabends, seit er von zu Hause ausgezogen ist. Für ihn gehört zur Beziehung, dass man zwei Mal im Jahr in den Urlaub fährt, einmal im Sommer und einmal im Winter.

Auch in der Beziehung zu Margot ist ihm vieles wichtig. Es gehört zur Beziehung dazu, dass man ihr regelmäßig, spätestens alle zwei Wochen, Blumen bringt. Aber auch zwei Kinder sind wichtig, am besten ein Bub und ein Mädchen. Als nach bereits fast fünf gemeinsamen Ehejahren klar wird, dass Margot trotz aller ausgeschöpf-

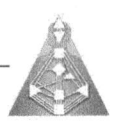

> ten Möglichkeiten keine Kinder bekommen kann, trennt
> er sich von ihr, weil das in seinem gedanklichen Konzept
> von Beziehung einfach nicht passt.

Im definierten Ajna hat man ein festgelegtes Denken, das je nach Definition entweder logisch, abstrakt und/oder individuell ist. Peters Denken ist logisch, das bedeutet in der oben erzählten Geschichte, dass es für Peter einfach so ist, dass in seinem logischen Denken Kinder zur Beziehung dazugehören, und wenn keine Kinder kommen, ist es folgerichtig, dass man sich trennt, hier geht es nicht um Emotionen, sondern um Denken. Alle von außen kommenden Informationen werden in dieser einen bestimmten Art und Weise verarbeitet. Logisch zu denken, heißt immer, auf Zahlen, Fakten und Daten zu achten. Eine Aussage dieser Menschen im Gespräch ist oft „ich denke, ...". Abstrakt bedeutet, es muss persönlich einen Sinn ergeben, diese Menschen sagen „ich glaube ..." das ist ein visuelles, abstraktes Denken. Dann ist das für den abstrakt denkenden Menschen folgerichtig, dass es keinen Sinn ergibt, ein Leben ohne Kinder zu leben. Der Mensch, der so denkt, greift auf die Vergangenheit und auf die Erfahrungen zurück.

Ein individueller Denker ist für sein Umfeld oft recht unverständlich. Er sagt „ich weiß ...", kann es aber manchmal dann doch nicht wirklich erklären. Als ein individuell denkender Mensch hätte Peters Entscheidung auf der Überlegung beruhen können, dass Kinder etwas Neues ins Leben bringen und es verändern – und dass das wichtig ist. Diese individuell denkenden Menschen haben eine Bandbreite von Genie bis Freak, und das Problem liegt manchmal dort, dass sie sich nicht so klar artikulieren, dass sie ihrem Umfeld verständlich sind. Sie können genial sein, wenn sie warten, bis die anderen sie zu einem Beitrag einladen und sie damit wirklich gefragt sind.

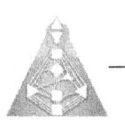

Menschen, die das Ajna definiert haben, denken immer, sie haben eine hoch aktive Rechercheabteilung, ein festgelegtes Denken, das sie leider ganz oft in ihrem Leben entscheiden lassen. Im Human Design empfiehlt man, sich auf Typ, Strategie und Autorität zu verlassen, weil diese eine gesunde Entscheidungsstruktur bieten. Jede Firma, die ihrer Rechercheabteilung (Ajna, Verstand), so gut sie auch sein möge, Entscheidungskompetenz gibt, würde auf dem Markt kläglich versagen. Wie es genau funktioniert, Typ, Strategie und Autorität zu erkennen und zu leben, erklären wir in den nächsten Kapiteln.

Hat in einer Beziehung ein Partner die Logik definiert und der andere Partner das abstrakte Denken, wird das gegenseitige Verstehen oft sehr schwierig. Die Denkkonzepte des anderen sind dann so fremd, dass man sich manchmal wirklich nicht versteht. Ein Beispiel dazu wäre ein Kind, das logisch definiert ist und eine abstrakt definierte Lehrerin in Mathematik hat: Das Kind wird nicht verstehen, was sie erklärt und unterrichtet. Es könnte sogar sein, dass das Kind in Mathematik durchfällt und bei der nächsten Lehrerin mit „Sehr Gut" abschneidet, weil die ihm alles besser visualisiert.

Manchmal wird das Ajna mit dem Prozessor im Computer verglichen, weil der Prozessor die Daten verarbeitet und das Ajna verarbeitet die Inspiration des Kopf-Zentrums.

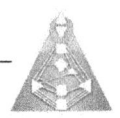

6.2 Das offene Ajna-Zentrum

EIN BEISPIEL:
- *Gernot ist offen.*
- *Peter ist definiert.*

Gernot erlebt die Beziehung zu Peter als extrem fixiert im Denken. Er versteht Peters Ideen und Konzepte von Beziehung sehr gut, aber nur, wenn sie zusammen sind. Trifft er einen Freund, dann ist das Konzept der „offenen Beziehung", welches dieser Freund lebt, der immer wieder Liebhaber hat, genauso vorstellbar wie die enge Klarheit, die sie in der Lebensgemeinschaft haben.

Als er einen ungewöhnlichen jungen Mann (Dorian) kennenlernt, beginnt er eine Affäre mit ihm. Immer, wenn Peter auf Dienstreise ist, genießt er das Zusammensein mit Dorian. Der hat keine solchen Konzepte wie Peter, ist offen und bringt immer neue Ideen in ihre Begegnung ein. Wenn Peter dann nach Hause kommt, ist für Gernot wieder alles wie immer. Er spürt den Wechsel seines Denkens und es verwirrt ihn. Er versucht, ein Konzept für sich zu finden, sich daran zu klammern, um endlich stabil zu sein und fix denken zu können. Das Wissen darum, dass sein Denken nie stabil sein wird, wird ihm helfen. Zusätzlich wichtig ist, dass er aus diesem instabilen Denken nie Entscheidungen trifft, sondern sich auf Typ, Strategie und Autorität verlässt.

Mit einem offenen Ajna kann man auf jede Art und Weise denken und jedes Konzept nachvollziehen. Aber wir werden immer von den definierten Menschen im Denken beeinflusst.

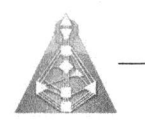

Es ist sehr herausfordernd, damit umgehen zu lernen. Als Kompensation dazu, dass sich das Denken immer ändert, versucht man, fixe Konzepte zu finden. Dann verteidigt man diese, obwohl sie nicht die eigenen sind. Wir können das auch so formulieren: „Jeder Gedanke ist secondhand." Es gibt manchmal Momente, in denen wir in einer Art und Weise denken, die uns selbst nicht vertraut ist, das ist meist in dem Augenblick der Fall, in dem uns das Gegenüber mit seiner Definition und damit mit seiner Denkweise beeinflusst.

Unser beeinflusstes Denken übernimmt manchmal Konzepte von außen, über Sex und Beziehung, die mit der eigenen Körperlichkeit nicht übereinstimmen. Auch die Prägungen durch Filme, Freunde oder Familie sind oftmals stark. Wenn wir zu einem späteren Zeitpunkt vertieft in das Thema Sexualität einsteigen, werden Sie Ihre eigene Grundstruktur erkennen.

Solche geprägten Konzepte können sein:
- → Man hat nur eine Frau im Leben!
- → Als Frau einen Callboy zu zahlen ist verrückt!
- → Sadomasochistische Ideen sind verboten!
- → Homosexualität ist gegen die guten Sitten.
- → Sex im öffentlichen Raum ist strafbar!

Wenn man nach den von außen übernommenen Konzepten lebt, hat das die Konsequenz, dass eine erfüllte Sexualität nicht zu finden ist.

Mit einem offenen Ajna ist man niemals sicher im Denken, man ist flexibel, kann sich alles überlegen, alles konzipieren, aber nicht verlässlich. Das offene Ajna kann intellektuell sehr inspirierend sein.

Die Frage beim offenen Zentrum: „Versuche ich, andere zu überzeugen, dass ich fix denke und verlässliche Konzepte habe?"

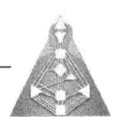

7. KOPF-ZENTRUM

	Definiert	Offen
Natürlicher Zustand	→ Mentaler Druck und Inspiration.	→ Kein mentaler Druck.
Authentischer Zustand	→ Akzeptiert mentalen Druck; → lässt sich stimulieren; → kennt Verwirrung, Zweifel und Klarheit als natürliche Prozesse; → die Fähigkeit, andere mit mentalen Anregungen und Einsichten zu inspirieren.	→ Weiß, dass die Fragen anderer nicht die eigenen sind; → offen für neue Einsichten und Inspirationen; → genießt den Druck, mehr zu wissen, ohne sich damit zu identifizieren; → erkennt, wer inspirierend oder wer verwirrend ist.
Beeinflusster Zustand	→ Hat einen mentalen Druck, der in Selbstzweifel, Besorgnis und Depression führen kann; → versucht, Lösungen durch mentale Entscheidung zu finden; → unfähig, geduldig zu bleiben, und damit verpasste Gelegenheiten für wertvolle Inspirationen.	→ Übernimmt die Zweifel und Verwirrung anderer; → versucht, Fragen zu lösen, die nicht die eigenen sind; → trifft mentale Entscheidungen, basierend auf den Fragen anderer; → zwanghaftes Vermeiden von mentalem Druck oder übertriebenes Sich-damit-Auseinandersetzen.

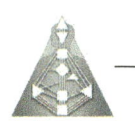

7.1 Das definierte Kopf-Zentrum

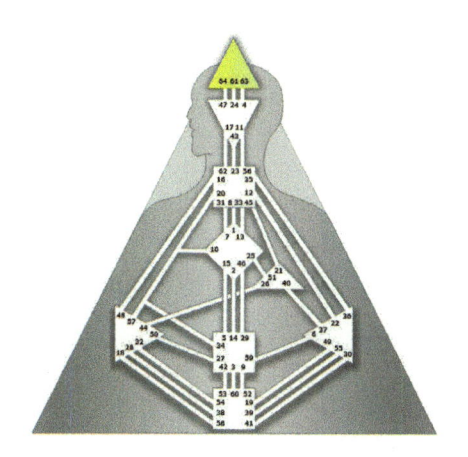

EIN BEISPIEL
- Sandra hat ein definiertes Kopf-Zentrum.
- Marko ist offen.

Sandras Gedanken kreisen immer. Sie hat schon lange Zweifel, ob der Job als Sekretärin für sie richtig ist. Sie findet einfach, dass es keinen Sinn mehr für sie macht.

Sie wollte von klein auf immer Ärztin werden. Da kann man Menschen helfen, das wäre viel sinnvoller, als Briefe abzutippen und Rechnungen zu schreiben. Aber damals, als es möglich gewesen wäre, war sie sich nicht sicher, ob sie Latein und das intensive Studium schaffen würde.

In den letzten Jahren wurde sie sehr depressiv. Ständig läuft zu allen Lebensthemen die Sinnfrage in ihrem Kopf, oft auch ohne einen äußeren Auslöser.

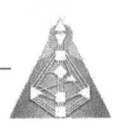

Die Fragen sind:
- → *Macht es Sinn, die Beziehung aufrechtzuerhalten?*
- → *Wäre ein Jobwechsel eine gute Idee?*
- → *Wo ist der Sinn im Landleben, wäre die Stadt nicht besser?*
- → *Wäre es sinnvoll, noch ein Kind zu bekommen?*
- → *Welche Schule macht für das Kind Sinn?*

Marko kann dieses ständige Hinterfragen schon gar nicht mehr hören. Er findet es einfach sinnlos, dass sie sich ständig Sorgen macht, Zweifel hat und nie Ruhe findet.

Er hatte sehr auf die Medikamente gehofft, weil diese sie am Anfang ein wenig beruhigt hatten. Leider helfen diese nur ganz wenig, jetzt hat sie sogar Beratung in Anspruch genommen, aber die Sinnfrage bleibt.

Aus diesem Nicht-Sinnfinden heraus entscheidet sie eines Tages ganz spontan, den Job zu kündigen. Zwei Tage später ist sie völlig verzweifelt über diese Entscheidung.

Das definierte Kopf-Zentrum bewirkt einen ständigen mentalen Druck. Ein Mensch mit definiertem Kopf-Zentrum ist in einer Meditationsgruppe, in der er lernen sollte, seinen Kopf frei zu machen und nichts zu denken, völlig verloren. Er kann nicht „nicht denken", sein Verstand läuft ohne Pause. Je nach Kanal, der zwischen Ajna und Kopf definiert ist, sind es unterschiedliche Denkstrukturen, die entstehen.

Das Kopf-Zentrum kann nur gemeinsam mit dem Ajna definiert sein. Dadurch entsteht ein Druck, der immer da ist, und daraus entsteht die Frage, wie er verarbeitet wird. Nur ein Drittel der Menschen hat dieses Zentrum definiert und setzt damit alle anderen mit ihrer Art zu denken und ihren Mustern unter Druck.

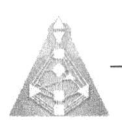

Entweder ist es wie bei Sandra das Sinnfinden, dort stellt sie sich immer die gleiche Frage zu allem im Leben: „Macht es Sinn?" Die andere Definition wäre, alles wissen zu wollen, der Mensch ist dann immer damit beschäftigt zu ergründen, welches Wissen fehlt. Oder damit, alles verstehen zu wollen; dann ist er damit beschäftigt, sich zu fragen: „Stimmt das Muster, ist es verständlich?" Das ist die logische Seite des Kopf-Zentrums, hier geht es um Mustererkennung und das Experiment.

Fragen können auch sein:
- → Gibt es Beweise für … (Gott, Außerirdische, …
- → Woran kann man erkennen, dass … (etwas richtig oder falsch ist).
- → Zweifel haben über … (Wahlergebnis, Buchhaltung, Werte).

Das Zentrum steht für Inspiration und die Fragen im Leben. Mentale Anregung und Erkenntnisse stehen an erster Stelle in diesem Zentrum. Ist das Zentrum definiert, kann das Denken nicht gestoppt werden. Denken ist eine Erfahrung, die nie wirklich abgeschlossen ist, da immer neue Fragen auftauchen. Und damit starten die neuen Denkschleifen.

Das Kopf-Zentrum wird auch als Druckzentrum bezeichnet, weil es den Druck zu denken auslöst. Wenn wir es so wie das Ajna mit dem Bestandteil eines Computers vergleichen, ist es die Festplatte, dort sind die Daten gespeichert. Das Kopf-Zentrum steht für die mentale Inspiration und liefert die Daten für das Ajna. Sehr vereinfacht ausgedrückt ist die Frage „Was denke ich?" das Kopf-Zentrum und die Frage „Wie denke ich?" das Ajna.

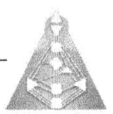

7.2 Das offene Kopf-Zentrum

EIN BEISPIEL:
- *Larissa ist offen.*
- *Clara ist definiert.*

Die beiden Frauen sind schon lange sehr eng befreundet.
Wenn die beiden sich treffen, ist es so, dass Clara oft von der Firma erzählt, weil es dort immer wieder Probleme gibt. Sie überlegt, auszusteigen, und braucht dafür eine sinnvolle Lösung, die ihr nicht sofort den Existenzdruck ins Leben bringt. Larissa übernimmt diesen Druck zu denken und ist dann dabei, eine gute Lösung für Clara zu finden. Larissa liegt dann oft die ganze Nacht wach und versucht, Claras Probleme zu lösen.

Mit dem offenen Zentrum übernehmen wir manchmal das Denken von anderen. Es ändert sich mit jedem Menschen, der in das Umfeld kommt und definiert ist. In der Grundstruktur sind Menschen mit offenem Kopf frei, jede Art von Denken zu erleben und auch anzuwenden.

Sie sind flexibel und unbesetzt, wenn Konzepte in ihr Leben treten, können die annehmen oder verwerfen, ohne daran hängen zu bleiben. Der Mensch ist offen, über alles nachzudenken, was auftaucht, kann aber auch entspannt einfach „nichts denken".

Wenn Menschen das Kopf-Zentrum offen haben und das Ajna definiert ist, kann es sein, dass diese in einer Verweigerung zum Thema Nachdenken leben und über gar nichts nachdenken wollen. Durch das offene Kopf-Zentrum hat man weniger Druck zu denken.

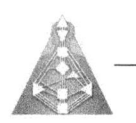

Wenn Kopf-Zentrum und Ajna offen sind, kann das zu einem zwanghaften Nachdenken über alles führen.

Die Fragen beim offenen Zentrum: „Versucht du, dich mit Fragen zu beschäftigen, die nichts mit deinem Leben zu tun haben?" oder „Versucht du, auf Fragen eine Antwort zu finden, die andere Menschen stellen, die aber nichts mit dir zu tun haben?"

Beziehung und Sexualität werden oft von einem Denken bestimmt, das von außen kommt. Vorstellungen davon, wie Beziehung und Sexualität zu laufen haben, sind manchmal völlig konträr zu dem, was zum eigenen Körper passt. Wir sind immer wieder von außen geprägt, im Denken von dem Drittel der Menschen, die definiert sind.

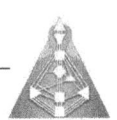

8. KEHL-ZENTRUM

	Definiert	Offen
Natürlicher Zustand	→ Sprechen und/oder handeln.	→ Stille; Schweigen.
Authentischer Zustand	→ Besitzt eine festgelegte Form der Kommunikation; → drückt immer die eigene Wahrheit aus; → hat eine eigene Art des Sprechens; → ist es als Zentrum mit einem Motor verbunden, gibt es die Möglichkeit des festgelegten und verlässlichen Handelns und Umsetzens.	→ Besitzt eine große Bandbreite an Kommunikation; → diese ist gefärbt von der Umgebung in der er/sie sich befindet; → drückt die Wahrheit der anderen aus; → fühlt sich mit Stille und Schweigen wohl; → wartet darauf, von anderen zum Sprechen oder Handeln angeregt zu werden.
Beeinflusster Zustand	→ Weil der Redestil fixiert ist, kann er/sie andere verbal dominieren oder versucht es; → speziell wenn die Strategie nicht beachtet wird; → ohne Verbindung zu einem Motor setzt er/sie Aktionen, die dann keine Umsetzung finden.	→ Unangemessenes Sprechen und Handeln; → versucht, Aufmerksamkeit zu erregen; → spricht, ohne aufgefordert zu sein, unpassend oder zur falschen Zeit; → da man nicht weiß, was man sagen wird, versucht man, die Konversation vorzubereiten, anstatt sich von der Umgebung betreffend Art des Sprechens stimulieren zu lassen.

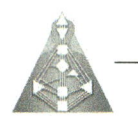

8.1 Das definierte Kehl-Zentrum

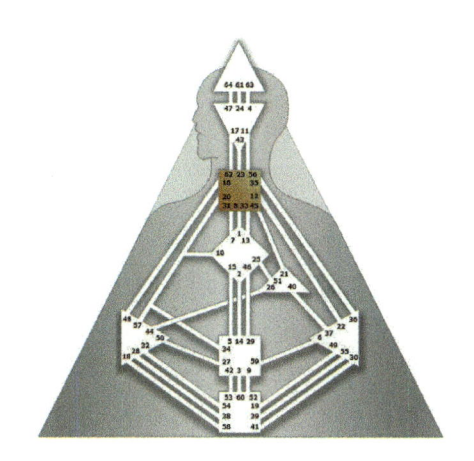

EIN BEISPIEL:

- Simon hat eine definierte Kehle.
- Pamela eine offene Kehle.

Simon hat einen ganz starken Dialekt, er hat seine eigene Wahrheit, die er immer gut ausdrücken kann. Er redet wenig, aber wenn er etwas sagt, ist es immer am Punkt, und er kann zu allem etwas sagen, ihm fehlen nie die Worte. Immer, wenn er etwas sagt, hören ihm die Menschen zu.

Pamela bewundert von Anfang an seine Art zu reden und dass er sich so gut ausdrücken kann. Pamela merkt, dass sie, wenn er da ist, ähnlich redet, sogar seinen Dialekt übernimmt sie manchmal. Egal, worum es geht, seine Nähe bewirkt, dass sie anders redet.

An den Kindern merkt sie, wie sich ihre Sprache verändert. Er hat so eine gute Wortwahl, er hat immer eine

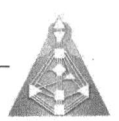

> Antwort, er ist verlässlich in seinen Perspektiven. Wenn Simon zu Hause ist, übernimmt Pamela seine strenge Art zu kommunizieren.

Wie wir handeln, wie wir sprechen, das macht unsere Welt aus. Kommunikation, Umsetzung und Manifestation sind in diesem Zentrum zu Hause. Menschen mit definierter Kehle haben eine ganz festgelegte Art zu kommunizieren, auf ganz persönliche Art und Weise.

Sie haben einen bestimmten Sprachrhythmus und auch bestimmte Phrasen, die sie immer wieder wiederholen. Meist sind es Menschen, die wenig reden, wenn sie es aber tun, können sie jederzeit sagen, was ihnen wichtig ist. Sie drücken immer ihre eigene Wahrheit aus, es ist exakt festgelegt, wie sie kommunizieren und handeln.

Die Kehle hat die meisten möglichen Verbindungen zu anderen Zentren, es sind insgesamt elf. Je nachdem, welche Tore beim definierten Zentrum eingefärbt sind, spricht der Mensch in einer bestimmten Art und Weise.

Es gibt unterschiedliche Arten, wie man Dinge ausspricht:

Aus dem Emotional-Zentrum drückt man seine Gefühle aus und sagt „ich fühle" oder „vielleicht".

Aus dem Ajna drückt man durch den Verstand seine Gedanken und Konzepte aus und sagt, „ich denke", „ich weiß" oder „ich glaube".

Vom G-Zentrum ist es die eigene Identität: „Ich führe", „ich kann einen Beitrag leisten" oder „ich erinnere mich".

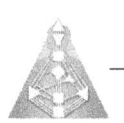

Aus dem Herz-Zentrum kommt die eigene Kraft, die sich ausdrückt mit „ich habe Besitz und Materie".

Aus der Milz kommt die Intuition, die sagt „ich bin im Hier und Jetzt" und „ich experimentiere".

Im Kehl-Zentrum ist auch die Umsetzung und Manifestation zu Hause. Das Human Design sieht dieses Zentrum als das Handlungszentrum. Das heißt in diesem Zusammenhang, dass Menschen mit definierter Kehle, die das Zentrum mit einem Motor verbunden haben, leichter Projekte in Gang bringen und verlässlich fortführen können, wenn sie sich richtig nach Typ, Strategie und Autorität entschieden haben.

Die verschiedenen Zentren haben verschiedene Motoren: Das Emotional-Zentrum hat die wellenartige Emotion; das Sakral-Zentrum den kräftigsten Motor, den Beharrlichkeitsmotor; die Wurzel das Notfallsystem und das Adrenalin; das Herz den Willen.

Menschen mit einem definierten Kehl-Zentrum können in einer Beziehung dominant sein. Sie geben vor, wie in der Beziehung kommuniziert, gehandelt und umgesetzt wird. Dabei gibt es einen Unterschied zwischen Menschen, die nur kommunizieren können, und jenen, die auch in Handlung umsetzen können.

Nur wenn es dem, der definiert ist, gerade entspricht, wird etwas umgesetzt, wie der Garten, die Küche oder, ... Es geht alles leichter. Jemand mit definierter Kehle kann andere mitreißen.

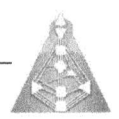

8.2 Das offene Kehl-Zentrum

EIN BEISPIEL:
- Simon hat eine definierte Kehle.
- Pamela eine offene Kehle.

„Meine kleine Plaudertasche", sagt Simon immer wieder leicht genervt von Pamelas vielen Erzählungen, klappt innerlich die Ohren zu und hört einfach weg.

Als sie sich beschwert, dass er viel zu wenig redet, ist das für ihn nicht nachvollziehbar.

Er selbst findet, er sei ein offener und kommunikativer Mensch, er redet, wenn es notwendig ist, und wenn nicht, kann er auch den Mund halten. Als er das zum x-ten Mal hört, reagiert er pampig und sagt: „Muss ja nicht jeder verbalen Durchfall haben, so wie du".

Je mehr er versucht, sich zurückzuziehen, weil er ihr ständiges Gerede so anstrengend findet, umso lauter wird Pamela. Am schlimmsten ist es, wenn sie gemeinsam auf ein Fest bei Freunden gehen.

Pamela bleibt schon in der Garderobe zum ersten Mal stehen und redet und redet. Er würde gerne hineingehen, die Gastgeber begrüßen, und versucht, sie aus dem Gespräch zu lösen. Aber zwei Schritte in den Raum und sie hat schon wieder eine Freundin getroffen und bleibt stehen.

Manchmal nervt es ihn so, dass er wirklich überlegt, sich zu trennen.

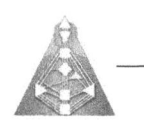

Mit einem offenen Kehl-Zentrum kann man ein Sprachrohr für andere sein. Durch die Offenheit ist nicht fixiert, wann und wie gesprochen wird. Offene Menschen haben ständig das Bedürfnis zu plaudern. Dies ist sehr gut, wenn sie als Lehrer, Trainer oder Vortragende arbeiten. Sie formulieren alles so, wie die Zuhörenden es brauchen und gut verstehen können.

Aber es kann auch sehr schwierig sein, wenn die offene Kehle das ausspricht, was die definierte denkt, aber nicht ausspricht. Diese Menschen drücken manchmal ein Gruppenthema aus, das eigentlich von anderen kommt. Es ist ein sehr starkes Bedürfnis, es kommen spontane Äußerungen, von denen man manchmal gar nicht weiß, wo sie entstanden sind.

Die Menschen denken ständig darüber nach, was sie sagen wollen, aber was dann letztendlich aus dem Mund herauskommt, ist ganz etwas anderes. Manchmal kann das sehr peinlich werden. Wirklich schweigen zu lernen, ist für eine offene Kehle oft sehr schwer.

Nur zu reden, wenn man gefragt ist, bleibt immer eine Herausforderung. Mit der offenen Kehle einen exakt gleichen Text wiederzugeben, ist sehr schwer, man kann nicht planen, was man sagen wird, das Sprechen ist immer von außen beeinflusst.

Das offene Zentrum in seiner gesunden Ausprägung genießt es, eine extreme Sprach- und Sprechvielfalt zu haben, diese Fülle an Ausdrucksweisen, die ihnen zur Verfügung steht. Sie nutzen die Aufmerksamkeit, wenn sie diese von anderen erhalten, und können gut schweigen. Auch spezielle Theaterformen, wie das Stegreiftheater, sind für die offene Kehle eine Möglichkeit, ihr Talent zu leben.

Das offene Kehl-Zentrum in Beziehungen redet oft mehr als notwendig.

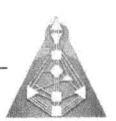

Es ist ein verstärkender Spiegel des definierten Zentrums und drückt meist die Wahrheit des anderen aus. Mit offener Kehle kann man manchmal, wenn man allein ist, nichts umsetzen, es geht einfach nichts weiter. Es ist immer das Bedürfnis da, Aufmerksamkeit zu erregen, um die Handlungsverbindung zu bekommen.

Die Frage beim offenen Zentrum: „Versuchst du noch immer, ein Star zu sein?"

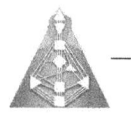

9. WURZEL-ZENTRUM

	Definiert	Offen
Natürlicher Zustand	→ Existenzieller Druck	→ Antriebslos; → entspannt
Authentischer Zustand	→ Setzt Stress konstruktiv ein, um Dinge voranzutreiben; → ist fähig, Druck auf festgelegte Weise einzusetzen und zu verarbeiten; → hat ein gesundes Maß an Urvertrauen; → fühlt sich mit dem eigenen Antrieb und Stress wohl.	→ Lässt sich nicht von außen zur Eile antreiben oder unter Druck setzen, eine Entscheidung zu treffen; → kann mit Druck und Stress umgehen, ohne davon überwältigt zu werden; → ist in der Lage, dem Druck auszuweichen und die Stille zu suchen.
Beeinflusster Zustand	→ Mit dem eigenen Druck nicht umgehen können, kann zu gesundheitlichen oder emotionalen Problemen führen; → auf andere Menschen Druck ausüben und erwarten, dass sie damit umgehen können.	→ Möchten Dinge so rasch als möglich erledigen, um den Druck loszuwerden; → es kommt zu vorschnellen, inkorrekten Entscheidungen; → lässt sich vom Druck überwältigen; → unfähig, sich von Druck zu befreien; → der Mangel an Urvertrauen bewirkt ein extremes Sicherheitsdenken.

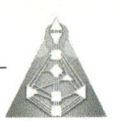

9.1 Das definierte Wurzel-Zentrum

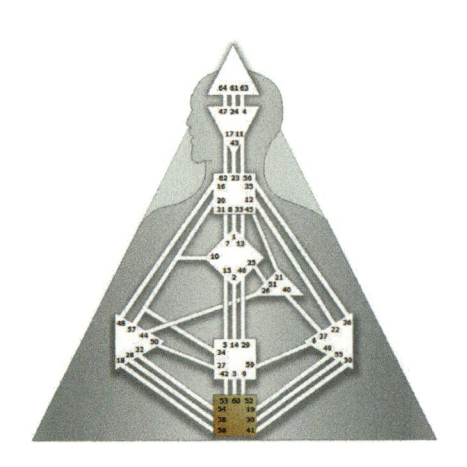

EIN BEISPIEL:
- Bernhard ist offen.
- Kornelia ist definiert.

Kornelia springt aus dem Bett. Sie hat heute einen wichtigen Termin mit ihrem Chef, bei dem es um ihre Gehaltserhöhung geht, und freut sich darauf.

Die Spannung und den Druck, den sie mitbringt, bemerkt sie selbst nicht. Für sie ist es natürlich, dass sie so einen Stress hat, es ist ja die freudige Erwartung auf den Tag. Sie hat Schwung, ist aktiv und alles geht ihr leicht von der Hand. Die Auswirkung, die sie damit auf Bernhard hat, ist ihr gar nicht klar.

Als Bernhard aus dem Bad kommt, bemerkt er sofort, dass er auf einmal Stress hat. Er beginnt, herumzuräumen, Geschirrspüler aus und wieder ein, Tasse aus dem Kasten, Käse auf den Teller, ist sich dann nicht sicher, ob er über-

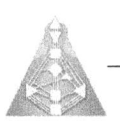

haupt Käse will. Er wird richtig hektisch und schusselig. Kornelia faucht ihn dann auch noch an: „Was ist mir dir los, ich will jetzt in Ruhe einen Kaffee trinken, ich habe einen stressigen Tag vor mir, ich muss mit Tom mein Gehalt verhandeln. Setz dich her und hör auf, so eine Hektik zu verbreiten."

Dass es ihr Stress ist, der sich in Bernhards offenem Zentrum spiegelt und bei ihm auch noch verstärkt, ist beiden nicht klar. Er ist hektisch, weil sie Stress hat.

Paare, die diese Dynamik kennen, werden wahrnehmen können, dass das definierte Wurzel-Zentrum den Druck und Stress auslöst und das offene Wurzel-Zentrum das spiegelt und verstärkt. Das Wissen darum verändert in der Beziehung die Dynamik, der definierte Partner realisiert seinen eigenen Druck und wie dieser sich auf andere auswirkt. Wahrzunehmen und sich nicht mitreißen zu lassen von dem Druck oder den Raum zu verlassen, kann hilfreich sein.

Das Wurzel-Zentrum ist der Motor, der uns drängt, uns zu entwickeln und weiterzugehen im Leben. Hier sind die Existenzsicherung für den Körper zu Hause und damit der Druck, sein Leben abzusichern. Er treibt und erdet uns gleichzeitig. Stress, Adrenalin, Drive, aber auch Ruhe und Lebensfreude kommen aus diesem Zentrum. Ist das Zentrum definiert, hat der Mensch seine ganz eigene Anspannung im Leben. Bodenhaftung sowie Urvertrauen zu haben, ist bei den definierten Wurzel-Zentren klar vorhanden. Wenn man Urvertrauen hat, hat man Vertrauen in die eigene Existenz und dazu gehört sowohl die finanzielle Sicherheit als auch die allgemeine Lebenssicherheit.

Hat man ein definiertes Wurzel-Zentrum, das mit der Milz verbunden ist, wird man in ganz spezifischer Art mit dem Druck umgehen, um gesund zu bleiben. Menschen mit einem dieser drei Kanäle sind meist gerne sportlich aktiv, je nachdem, welcher Kanal es ist, sind es verschiedene Arten, Sport zu betreiben, entweder im Team oder allein, denn hier ist auch der Druck zu kämpfen zu Hause.

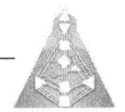

Ist das Wurzel-Zentrum mit dem Solarplexus verbunden, verstärkt dies die emotionale Welle und gibt dem Zentrum noch mehr Drive. Die Verbindungen zum Sakral-Zentrum sind die stärksten, das sind Menschen, die ihr Leben pulsartig, zyklisch oder extrem fokussiert leben. Dadurch sind sie auf eine bestimmte Art und Weise festgelegt.

Insgesamt kann der innere Druck, der bei einer definierten Wurzel entsteht, sich so auswirken, dass diese Menschen einen Drang haben, Dinge in Gang zu setzen, sie können ihren eigenen Druck im Leben haben. Mit dem definierten Zentrum kann es sein, dass sie mit dreißig Jahren schon die fünfte Firma aufbauen.

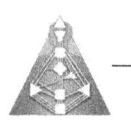

9.2 Das offene Wurzel-Zentrum

EIN BEISPIEL:
- *Bernhard ist offen.*
- *Kornelia ist definiert.*

Bernhard ist es wichtig, immer pünktlich zu sein. Wenn Kornelia und er gemeinsam etwas unternehmen, schaut er darauf, dass sie früh genug wegfahren, weil Zu-spät-Kommen für ihn gar nicht passt.

Bei solchen Anlässen streiten sich die beiden regelmäßig, weil Kornelia genervt reagiert und überhaupt nicht versteht, warum er so einen Stress hat. Sie kommen immer pünktlich zu den vereinbarten Terminen. Immer will er vorher schnell noch dies oder das machen und gleichzeitig jammert er, dass sie endlich fahren sollten. Wenn sie Freunde treffen wollen, ist die Streiterei damit vorprogrammiert und schon im Auto der Tag versaut.

Wenn Bernhard lernt, dass es ihr Druck ist, den er wahrnimmt und verstärkt, kann er sich ein wenig zurücklehnen oder durch Hinausgehen ausweichen. In der Beratung wissen wir, dass Menschen mit offener Wurzel immer mindestens zehn Minuten früher an der Tür läuten.

Das offene Zentrum spürt vor allem den Druck der definierten Zentren. Das kann sich so auswirken, dass sie allein zu Hause überhaupt keinen Stress haben, aber, sobald andere dabei sind, den Druck, der von außen kommt, verstärken.

Das offene Zentrum hat manchmal große Existenzängste, weil es im offenen Zentrum keine Sicherheit und Stabilität gibt. Geschwindigkeit und das immer größer werdende Tempo, welches durch unsere Gesellschaft gelebt wird, entsteht hier.

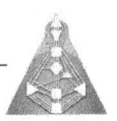

Auch Hyperaktivität und Rastlosigkeit entstehen im offenen Wurzel-Zentrum. Nur wenn diese Menschen erkennen, dass der Druck nicht ihr eigener ist, finden sie Ruhe. Das hauptsächliche Lernthema ist hier, über Druck und Stress zu lernen und sich Zeit zu lassen. Ist das gut gelernt, können diese Menschen hervorragende Stressmanager werden.

Manche Menschen lieben es, sich dem Stress von Definierten auszusetzen, sie werden dadurch zum Adrenalinjunkie. Sie nutzen die Energie der definierten Zentren, um dieses Gefühl von 1000 Ameisen im Bauch zu haben. Egal, ob im Sport oder auf der Bühne, sie nutzen es für sich. Die andere Seite, die ein Mensch mit offener Wurzel leben kann, ist, dass er ständig Druck und Stress aus dem Weg geht. Das tun sie auch, wenn sie mindestens zehn Minuten zu früh beim Termin erscheinen. Sie versuchen auch, dem Druck durch Beeilen aus dem Weg zu gehen, um frei von Stress zu sein.

Weisheit ist, zu erkennen, wer macht mir Stress. Es ist nicht mein Stress. Dazu gehört, den Druck auszuhalten und ihn anzusprechen.

Hier ein kurzer Beitrag zu unseren Kindern: Grundsätzlich wurde das Human Design ja für Kinder entwickelt, weil es für sie eine wirklich hilfreiche und entwicklungsfördernde Idee ist. Kinder mit offener Wurzel können als hyperaktiv diagnostiziert werden. Die offene Wurzel kann den Stress der ganzen Klasse aufnehmen und verstärken.

Ist das so, kann es sein, dass sie völlig zu Unrecht für etwas bestraft oder gedemütigt werden, was gar nicht zu ihnen gehört. Das Verständnis für dieses Zentrum kann einem Kind helfen, zu erkennen, was zu ihm gehört und was nicht.

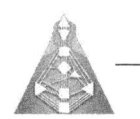

Wenn der Mensch seine Entscheidung nach Typ, Strategie und Autorität trifft, ist dies aus innerer Ruhe und nicht aus dem Druck von außen. Sie wissen, wann der Druck korrekt ist, und sind nicht süchtig danach, sich ständig zu beeilen.

Frage an das offene Zentrum: „Versuchst du, dich zu beeilen, um endlich frei vom Stress zu sein?".

Wenn sich zwei Menschen mit dem gleichen definierten Zentrum treffen, dann können sie sich gegenseitig wenig beeinflussen. Sind beide offen, ist es für offene Menschen sicher der angenehmere Zustand.

Insgesamt ist es so, dass das Gleiche (definiert, offen) leichter zu leben ist als der Unterschied, aber vielleicht auch schnell langweilig wird, weil es nicht so knistert. Lernen können beide daraus, der Offene kann weise werden und der Definierte schaut sich in den Spiegel und erkennt sich selbst darin.

TYP UND STRATEGIE

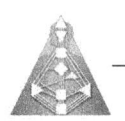

Typ und Strategie

Obwohl jeder Mensch genetisch einzigartig ist (wobei sogar bei eineiigen Zwillingen epigenetische Unterschiede festgestellt werden können), kann man alle Menschen einem von nur vier Grundtypen zuordnen. Diese vier Grundtypen sind Generator, Manifestor, Projektor und Reflektor. Diese zeichnen sich durch deutlich unterschiedliche Entscheidungsstrategien aus. Die generelle Lebensausrichtung, die Lebensaufgabe und die spezifische Art des Lebens sind verschieden. Wenn wir unser Leben typgerecht, in authentischer Art und Weise leben, können wir je nach Typ befriedigt, friedlich, erfolgreich oder überrascht im Leben stehen.

Jeder Mensch hat eine ganz persönliche Lebensaufgabe in einer Gemeinschaft. Keine der Aufgaben ist wertvoller, besser oder schlechter.

Die Projektoren sind dazu da, die Schaffenskraft der Gruppe *intern* zu managen, zu lenken und zu leiten. Sie sollten beauftragt werden, die Ressourcen von Menschen, bevorzugt die Power der Generatoren, effizient einzusetzen. Sie schaffen mit ihrem Management eine Verteilung der Energie. In einer erdachten Dorfstruktur könnte der Projektor z. B. der Bürgermeister sein.

Die Generatoren sind Menschen, welche die vorhandene *Arbeit* mit Befriedigung erledigen, die viel *Power* zur Verfügung haben. Alle Tätigkeiten, die Routine und klare Abläufe haben, gehen ihnen leicht von der Hand. Die Beschäftigungen sind hier vielschichtig: von der Gartenpflege bis zum Gemeindesekretär, von der Kindergärtnerin bis zum Krankenpfleger, vom Arzt oder der Lehrerin bis zum Bauer.

Der Manifestor hat die Aufgabe, für die Gruppe, wie z. B. eine Gemeinde, initiativ *nach außen* Einfluss zu gewinnen. Er bringt Projekte herein und stellt bei Bedarf auch Geld oder Förderungen auf. Dieser Mensch hat die Aufgabe, sich kurz, schnell und aktiv für etwas erfolgreich einzusetzen.

Der Reflektor ist in Gruppen jemand, der viel Wissen über die im Dorf lebenden Menschen hat. Viel Gespür für den Klan und seine Strukturen sind in diesem Menschen verankert. So jemand könnte der Dorfarzt oder der Pfarrer sein. Sie haben ein Gefühl dafür, wie es den Menschen geht, und können dies bei Bedarf in der Gemeinschaft auch aufzeigen.

Das Lebenskonzept und die Prioritäten sind bei den verschiedenen Typen extrem unterschiedlich. Damit diese Potenziale wirklich korrekt und authentisch gelebt werden, braucht es eine geeignete Entscheidungsstrategie. Wir sind als perfektes Original geboren, wir haben die perfekten Veranlagungen, wir sind ein mit genialen Fähigkeiten geborenes Wesen und einzigartig. Nur wir selbst können unsere eigene innere Autorität sein und Verantwortung für unser Leben übernehmen. Kein anderer Mensch kann sich in unserem Sein auskennen, aber wir sind von außen beeinflusst. Von Kind auf sind wir geprägt und konditioniert von den Menschen, die uns umgeben, egal, ob Eltern, Geschwister, Großeltern oder Freunde. Studien zeigen, dass wir bis zum siebten Lebensjahr als Kinder nicht allein überleben können. Die oberste Prämisse des Kindes ist es, versorgt zu werden. Dieser genetische Mechanismus in jedem Kind ist es, der uns zu einem „in eine Form gebrachten Menschen" und manchmal zu einer „gut funktionierenden Kopie" des Umfeldes macht. Die Eltern, die in bestem Wissen die Kinder erziehen, indem sie sagen, „was für mich gut ist und war, ist auch für dich gut", prägen dies. Diese Erziehung geht oft am Potenzial der Kinder vorbei. Manchmal denken wir dann, wir sollten erfolgreich und glücklich sein, weil alles, was wir geworden sind, genau das ist, was die Eltern sich für uns gewünscht haben, oder sogar das, wohin sie uns erzogen haben. Aber wir sind es nicht. Wir gehen dann auf die Suche nach uns selbst und nach Techniken, die uns erkennen lassen, was wir wirklich sind.

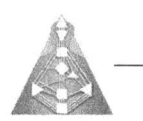

Wir lernen viel im Laufe unseres Lebens, egal, ob in der Schule, mit Freunden, in der Therapie, im Coaching oder bei spirituellen Lehrern. All das kann uns einen Schritt zu uns selbst führen. Leider sind es dort meist wieder die äußeren Autoritäten, die uns prägen. Um in unser eigenes authentisches Sein zurückzufinden, gibt es mit Typ, Strategie und Autorität ein Tool, das uns hilft und korrekt durch das Leben navigieren lässt. Die genetische Landkarte, das Rave Chart, gibt dem Menschen die Möglichkeit, sich selbst zu erkennen. Ein Beginn ist es, seinen inneren Entscheidungsstrukturen, seinen Fähigkeiten und seinem Potenzial mehr zu vertrauen. Damit verlässt man sich letztlich auf die eigene Entscheidungskompetenz und nicht auf die fremde und äußere.

Mit der Anwendung dieses ganz einfachen Werkzeuges, „der Entscheidungsstrategie", ist eine weitreichende Wirkung im eigenen Leben und im Leben der anderen möglich. Über Typ, Strategie und Autorität können wir wieder zurückfinden zu uns und damit voll authentisch sein.

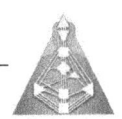

Entscheidungsstrategien – erlernte, übernommene, künstlich aufgesetzte Entscheidungsstrategie und deren Folgen für das Leben

Der Verstand – die Mind-Entscheidung

Der Verstand (Mind) ist ein geniales Werkzeug, als äußere Autorität für andere, er kann beurteilen, analysieren und komplexe Zusammenhänge erkennen.

Anstatt dies als äußere Autorität zu leben, missbrauchen wir den Verstand als innere Autorität. Wenn wir im Bild einer Firma den Verstand als eine Abteilung wahrnehmen würden, so wäre diese Abteilung für Recherche zuständig. Wir würden jeden Firmenchef als verrückt ansehen, wenn er diesem Bereich der Firma das Management überlässt. Es gibt für jede Firma einen Geschäftsführer oder eine Managementabteilung; das würde im Human Design die innere Autorität verbunden mit dem jeweiligen Grundtyp sein.

Um im eigenen Leben eine korrekte Entscheidung zu treffen, gibt es eine natürliche, genetisch angelegte Entscheidungsstrategie (Typ, Strategie und Autorität). Jeder Mensch weiß im Grunde genommen, was für ihn korrekt und richtig ist. Es ist ganz natürlich, sich so zu entscheiden, aber durch angelernte, konditionierte Mechanismen verliert man das Vertrauen in die eigenen Entscheidungen.

Mit zunehmendem Lebensalter wird es oft immer schwieriger, sich darauf zu verlassen und diese andere, unnatürliche Art der Strategie, bei der der Verstand die Entscheidungen trifft, nimmt dann überhand.

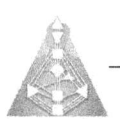

Human Design macht ein Angebot, die eigenen Potenziale wiederzuentdecken. Es zeigt auf, wie die natürlichen Entscheidungsstrategien funktionieren und im Alltag umgesetzt werden können.

Wir haben unser Denken zum Herrscher über unser Leben gemacht, aber wir sind nicht glücklich damit. Wir trainieren unseren Mind von Kindesbeinen an und das vom ersten Wort bis zur höheren Mathematik. Wir wissen, wie dieser Verstand funktioniert, wie er geprägt ist und wir treffen immer wieder Entscheidungen daraus.

EIN BEZIEHUNGSBEISPIEL:

Wenn eine Frau sich entscheidet – dieser Mann ist genau der richtige für mich, der fährt ein tolles Auto, der schaut gut aus, ist Akademiker, der hat sicher genug Geld, schon Mama hat gesagt „das sind Männer zum Heiraten".

Wenn sie jetzt ihre Entscheidung aus dem Verstand trifft, weil sie so geprägt wurde und sich in die Beziehung einlässt, ist der Frust vorprogrammiert.

Es wird möglicherweise so sein, dass sie im Nachhinein bemerkt, dass er nicht der Traumprinz ist, den sie sich da so vorgestellt hat. Vielleicht ist er Workaholic, vielleicht interessiert ihn nichts von dem, was sie will, vielleicht ist Reden über das Gemeinsame gar nicht möglich, vielleicht ist sie nur „das Vorzeigepüppchen", nur die Hausfrau und Mutter für seine Kinder.

Wir lassen uns in Beziehungen ein und kommen im Nachhinein drauf, dass es nicht passt. Sagen wir einmal, sie trennen sich und sie fängt an, auf sich zu hören.

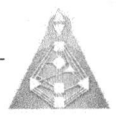

Eventuell lernt sie einen Mann kennen, der nicht ihren oder Mutters Traumprinzenvorstellungen entspricht, aber ihr ganzes System sagt „Ja" zu ihm. Er ist kein Akademiker, klein, ein wenig pummelig, aber der liebevollste Mensch, den sie je kennengelernt hat.

Sie entscheidet sich dafür und ist glücklich damit. Manchmal ist die richtige Entscheidung konträr zur Mind-Entscheidung. Was nicht heißt, dass wir nicht das finden können, was unser Verstand sich wünscht. Manchmal entscheiden Verstand und Körper auch gleich.

Richtig einsteigen in Beziehungen heißt, das ganze System in die Entscheidung einzubeziehen. Die Rechercheabteilung Mind darf auch ihren Beitrag leisten, indem sie forscht und recherchiert. Also Zahlen, Fakten, Daten dazu bereitstellt, aber im Endeffekt treffen Typ, Strategie und Autorität die Entscheidung.

Wir haben manchmal Konzepte im Kopf, die uns gegen unseren Körper und unseren gesunden Impuls entscheiden lassen. So ein Konzept kann sein „Vegetarierin zu sein". Wir sitzen mit Freunden in einem Restaurant, beim Lesen der Karte kommt eine innere Zustimmung, ein Reagieren für „Hühnerschnitzel", der Mind sagt aber sofort „Nein" und wir bestellen das Tofuschnitzel. Wenig später bekommen wir Magenschmerzen und Durchfall und verbringen die Nacht nicht im Bett, sondern am WC, das Schnitzel war verdorben. So etwas kann die Konsequenz einer Mind-Entscheidung sein.

Aus Entscheidungen, die nicht authentisch nach Typ, Strategie und Autorität getroffen werden, entsteht der Lebenswiderstand.

Typ	Korrekte Entscheidung	Falsche Entscheidung Lebenswiderstand (am Chart als Not-self bezeichnet)
Generator	Befriedigung	Frust
Manifestor	Frieden	Zorn
Projektor	Erfolg	Verbitterung
Reflektor	Überraschung	Enttäuschung

Egal, wie du dich entscheidest, der Verstand hat immer wieder ein Argument – wenn wir eine falsche Entscheidung getroffen haben, wird er uns die Dinge immer schönreden, bis es nicht mehr geht.

Authentische Entscheidungen
Wenn wir nach Typ, Strategie und Autorität entscheiden, treffen wir authentische Entscheidungen. Dadurch wird sich im Leben vieles positiv verändern.

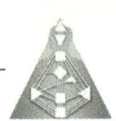

Statistische Verteilung der Typen

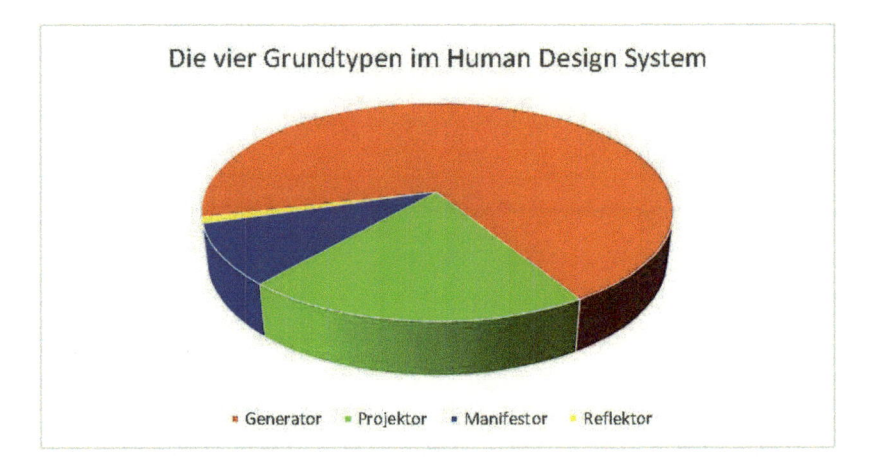

Die vier Grundtypen im Human Design System

- Generator
- Projektor
- Manifestor
- Reflektor

Quelle: https://www.jovianarchive.com/Human_Design/Types

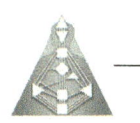

1. GENERATOR

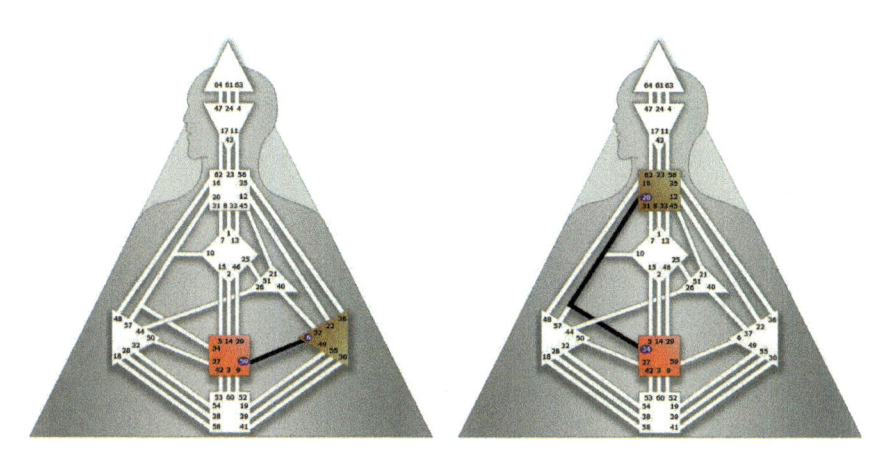

Generator   Manifestierender Generator

Charakteristika	definiertes Sakral-Zentrum
Typ	Energietyp
Strategie	Reaktion auf Fragen von außen
Lebenswiderstand	Frustration
Fähigkeit	Schaffenskraft
Lebensfrage	Wer bin ich?
Ziel	Befriedigung
Energie/Ausstrahlung	offen und einhüllend

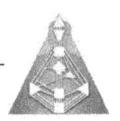

Von allen vier Typen hat nur der Generator das Sakral-Zentrum definiert. Damit steht ihm der stärkste Motor des Systems zur Verfügung. Es ist die Power und die Kraft, welche für die Arbeit eingesetzt werden kann. Der Generator ist für die Arbeit geschaffen. Wenn er richtig in diese Arbeit eingestiegen ist, liebt er es zu arbeiten. Das bedeutet, er muss wirklich gefragt worden sein und sein Sakral-Zentrum hat mit „mhm"(Ja) geantwortet. Dann steht die Energie zur Verfügung, der Motor ist angesprungen. Dadurch bezeichnet man den Generator auch als den Energietypen. Er hat eine eigene Power, die er umsetzen kann.

Wenn das Sakral-Zentrum nicht anspringt und man entscheidet sich trotzdem für etwas, dann ist der Frust vorprogrammiert.

Kennen Sie diese Situation? Sie denken darüber nach, wie Sie Ihrer Freundin eine nette Überraschung machen könnten, Sie kommen auf eine Idee! Es wäre doch toll, für Ihre Freundin eine Geburtstagsfeier zu organisieren. Sie laden die Leute ein, Sie mieten den Raum, bestellen Getränke, aber es läuft einfach nicht rund. Es ist irgendwie verhext, viele Leute haben an diesem Termin keine Zeit. Bei der Getränkelieferung gehen ein paar von den ganz teuren Flaschen kaputt. Es kann auch sein, dass alle Vorbereitungen klappen, aber bei der Party selbst die Stimmung nicht wirklich toll ist. Sie sind frustriert! Sie haben sich die ganze Arbeit angetan, aber es ist nicht wirklich so, wie es sein sollte.

Sie kennen diesen Frust. In dieser Geschichte entsteht er, weil der Generator aus sich heraus eine Aktion startet, ohne von außen gefragt worden zu sein. Sein Sakral-Zentrum hat keine Möglichkeit zu reagieren. Und wie schon beim Sakral-Zentrum erklärt, kann man sich nicht selbst fragen. Bei anderen

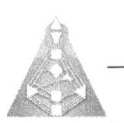

Projekten kann es sein, dass keine Power zur Verfügung steht, es durchzuziehen, der Motor ist nicht angesprungen.

Die Lösung hier wäre es, mit Freunden darüber zu reden, dass Sie es schön finden würden, wenn es ein Fest für Ihre Freundin gäbe. Wenn Sie dann jemand fragt: „Magst du ein Fest organisieren?" und Ihre Körperstimme sagt „mhm" (Ja), dann haben Sie die Reaktion, die Sie brauchen, um genug Energie zur Verfügung zu haben und ein Fest zu organisieren, bei dem Sie in der Folge wirklich zufrieden sind mit sich, der Organisation und dem Fest.

Egal, ob Sie eine Hose kaufen wollen, den Job wechseln oder mit jemandem Sex haben wollen, Sie müssen gefragt werden! Also niemals eine Aktion von sich aus beginnen, ohne Frage von außen. Damit ist nicht gemeint, zu sitzen und zu warten, bis endlich jemand kommt und Sie fragt. Sie leben ein aktives und kommunikatives Leben, Sie reden über das, was Sie bewegt und interessiert. Dann werden Sie die Fragen bekommen, die Sie brauchen, um gesunde Entscheidungen treffen zu können. Wenn Sie Spanien wunderbar finden, schon ewig mal gerne dorthin in Urlaub fahren wollten, reden Sie darüber. Meist schon nach kurzer Zeit kommt jemand oder etwas und wird Sie fragen: „Magst du deinen nächsten Urlaub in Spanien verbringen?" Dann kann Ihr Körper reagieren und Sie werden einen befriedigenden Urlaub erleben.

Die Entscheidungsfragen, auf die die Bauchstimme reagieren kann, sind vielfältig. Die meisten Generatoren kennen diese Stimme und erleben sie als sehr zuverlässig. Sie ist stärker als alle logischen Überlegungen zu einem Thema. Nutzen Sie diese Bauchstimme und führen Sie dadurch ein authentisches Leben. Immer, wenn Sie Entscheidungen aus dem Mind treffen und daraus ins Tun gehen, wird es nicht gut funktionieren, es wird haken, Sie werden die Power nicht haben! Was immer es ist, ob Auto putzen, zusammenräumen oder Wäsche wegräumen. Die Bauchstimme kennen viele Menschen, hören aber nicht darauf. Sie braucht oft Training, weil sie oft zu lange vernachlässigt und ignoriert wurde. Viele kennen diese Stimme. Sie werden eine starke Veränderung erleben, wenn Sie auf diesen Respons hören. Sie werden befriedigter im Leben stehen, denn Sie setzen das um, was Ihrem Leben und Ihrer Power wirklich entspricht. Üben können Sie jederzeit und überall. Wenn Sie am Beginn Ihre Freunde bitten, Ihnen einfach willkürlich Fragen zu stellen, die nur mit Ja oder Nein beantwortbar sind, werden Sie werden schnell herausfinden, wie sich das anfühlt, wenn das Sakral-Zentrum Energie freisetzt und „mhm" sagt. Solche Fragen können sein: Magst du die Farbe Rot? Isst du gerne Spaghetti? Möchtest du eigene Kinder? Magst du deine Arbeit? Willst du heiraten?

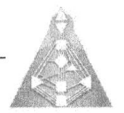

Die Antwort der Bauchstimme muss sofort kommen, wenn Sie zuerst darüber nachdenken und dann „mhm" sagen, ist es eine Mind-Entscheidung. Möchten Sie diesen Versuch starten? Was sagt Ihre Bauchstimme zu dieser Frage? Fangen Sie nur an, wenn Sie von Ihrem Körper ein „mhm" bekommen bzw. Energie freigesetzt wird!

Wenn Sie als Generator Ihren Typ leben, wird sich die Frustration in Ihrem Leben auf ein Minimum reduzieren und Ihre Fähigkeiten werden voll zum Einsatz kommen.

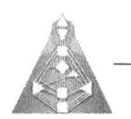

1.1 Die Fähigkeiten

Generatoren haben eine starke, beharrliche Power in ihrem System, diese ist das Sakral-Zentrum. Im Vergleich zu den anderen Motoren (Emotional-, Herz-, Wurzel-Zentrum), die einen Kleinwagenmotor haben, ist das Sakral-Zentrum ein Motor mit der Power eines XL-Trucks. Wenn wir versuchen, einen Zehn-Tonnen-Anhänger zu ziehen, kann das mit dem Truck wirklich leicht erledigt werden. Wenn wir die drei PKWs davorhängen, könnten diese ihre Motoren überlasten und sogar ausbrennen. Die wirklich starke beharrliche Power steht nur den Generatoren zur Verfügung. Durch die vorhandene Power, die extrem große Schaffenskraft, sind sie für die Arbeit geschaffen und Routinetätigkeiten fallen ihnen leicht. Nach dem Motto „stimmt die Arbeit – stimmt das Leben". Generatoren, die ihre Arbeit lieben, haben sehr viel Energie dafür. Generatoren können wirklich Berge versetzen und fühlen sich dabei völlig befriedigt, wenn es die richtige Arbeit ist. Dieses effiziente, powervolle, richtige Einsetzen ihrer Energie funktioniert nur, wenn sie ihre Entscheidungen korrekt nach ihrer Strategie und Autorität treffen. Sie müssen gefragt werden, zu allem im Leben, denn alles ist eine Entscheidung. Egal, ob wir uns für das Glas Wasser, für die Beziehung, für die Arbeit, für das Haus entscheiden, alles braucht den Respons („mhm") der Bauchstimme. Das Wichtigste ist, dass alle Lebensentscheidungen mit dieser Strategie getroffen werden, nur dann kann man befriedigt im Leben stehen.

Hier noch kurzer Ausflug zu dem „Gefragt-Werden". Maßgeblich ist, dass man das mit dem „Gefragt-Werden" nicht wortwörtlich nimmt. Damit ist nicht gemeint, dass man wartet, bis man verbal gefragt wird. Es ist ein aktives Warten, wir reden weiter, wir leben weiter, wir arbeiten, wir können über alles diskutieren. Aber es wird einen Punkt geben, wo jemand uns fragt. Ein Mensch schwärmt immer wieder von einem eigenen Pferd und erzählt oft davon, wie toll er diese großen Kaltblutpferde findet. Irgendwann fragt ihn eine Freundin „Du schwärmst so von diesen Kaltblütern, willst du dir nicht selbst einen kaufen?" In diesem Moment kann die Bauchstimme reagieren und eine entsprechende Entscheidung wird fallen. Es gibt im Alltag viele Dinge, die wir tun, ohne gefragt zu werden. Niemand bleibt sitzen und zappelt herum, wenn die Blase voll ist, bis jemand fragt „Willst du aufs WC?", so etwas macht man nur bei Kindern. Erwachsene gehen, wenn es notwendig ist, sie warten nicht, bis jemand sie fragt. Wir sollen weiter leben und achtsam bleiben, damit wir merken, ob die Energie anspringt. Den Verstand recherchieren lassen, sich für diese tolle Inspiration bedanken, die er bietet, aber nicht daraus entscheiden. Andere Menschen müssen keine hellseherischen Fähigkeiten entwickeln, damit wir die richtigen Fragen bekommen, um zu entscheiden.

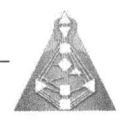

Auf eine konkrete Frage, die positiv beantwortet wird, hat man ein „mhm"(Ja), das ist der Ausdruck, dass genug Energie dafür frei ist, um aktiv werden zu können. Menschen können Fragen stellen, aber auch das Leben, wenn man etwas hört oder sieht und die Energie darauf anspringt. Wenn jemand Sie fragt „Tee oder Kaffee?" kann die Bauchstimme nicht reagieren. Natürlich haben wir gelernt, mit solchen Fragen umzugehen, aber leichter ist es, wenn man nur eins nach dem anderen gefragt wird. Viele Generatoren werden jetzt denken: Ja klar, kenn ich, ich weiß genau, was die meinen. Aber es gibt Menschen, die keinen so guten Zugang zu ihrer Bauchstimme haben. Bei diesen ist es dann oft deutlich, dass ihr Körper statt mit einem „mhm" mit einer Bewegung nach vorn, wie beim Aufspringen, reagiert oder sich statt einem Nein zurücklehnt, wie bei einer unwilligen Reaktion. Es geht einfach darum, ob die Frage Energie freisetzt oder nicht. Das „mhm" muss „sofort" kommen, wenn sich der Verstand einschaltet, ist die Antwort nicht gültig. Wenn jemand uns fragt „Möchtest du deine Steuern zahlen?", werden die meisten von uns ein Nein haben. Jedoch auf die Frage „Möchtest du mit den Konsequenzen leben, wenn du sie nicht zahlst, und die hohe Strafe zahlen?" wird meist eine andere Reaktion kommen, außer es ist gerade stimmig, diese Konsequenz in Kauf zu nehmen.

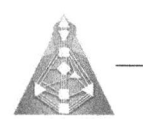

Nur eine einzige Frage einmalig zu stellen, ist manchmal zu wenig. Bei wichtigen Entscheidungen braucht es manchmal unterschiedliche Fragen. Conny ist auf Suche nach einem Sofa für das Wohnzimmer. In einem Möbelgeschäft sieht sie ein rotes Ledersofa und die Bauchstimme springt an: „So ein tolles Sofa, so ein wunderbares Material, das schaut echt genial aus". Dann ruft sie ihren Mann an, erzählt über das rote Sofa. Er beginnt, sie zu fragen: „Gefällt dir das Sofa?" „mhm"; „Können wir uns das Sofa leisten?" „mhm", „Kannst du dir vorstellen, dass es bei uns im Wohnzimmer steht?" „nn" (Nein). Das ist Schritt um Schritt zur richtigen Entscheidung!

Wenn wir Entscheidungen treffen, die nicht authentisch und basierend auf Reaktion und Autorität getroffen wurden, steht auch keine Energie für das Tun zur Verfügung. Versucht man dann, die Arbeit trotzdem zu machen, wird es schwierig und man ist frustriert. Es geht nichts weiter, es wird alles langsam, ineffizient oder blockiert ganz. Es ist wie ein Schalter, der sagt ON (ich habe Energie dafür zur Verfügung) oder OFF (ich habe keine Energie zur Verfügung).

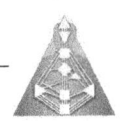

Alle Entscheidungen haben Konsequenzen. Kommt jemand und fragt: „Magst du eine Schokolade?" Wenn du ein „mhm" hast, wirst du sie vertragen, wenn du ein Nein hast und sie trotzdem isst, wird sie dir nicht gut tun. Magst du Knödel? Magst du Kaffee? Kannst du bitte den Mist rausbringen? Es wäre toll, wenn der Tisch abgeräumt wäre, würdest du das für uns machen? Können Sie sich vorstellen, diese Aufgabe zu übernehmen? Magst du mich heiraten? Willst du mit mir ins Bett gehen?

Bei all den Fragen kann es sein, dass der Verstand versucht, sich einzumischen. Nehmen wir ein Beispiel: Es ist Winter, der Raum ist angenehm geheizt, jemand in der Runde fragt: Könntest du bitte das Fenster aufmachen? Der Körper sagt sofort „nn", ich bin schon schwach, mein Immunsystem ist grad nicht so fit, ich verkühl mich sicher. Der Verstand sagt dazu: „Frische Luft braucht es, damit man gut denken kann". Hören Sie auf Ihre Bauchstimme und damit auf Ihren Körper!

Wenn Generatoren diesen ersten Schritt tun, wirklich auf die Bauchstimme zu hören und damit ihrer Strategie zu folgen, können Ängste auftauchen. Der Punkt der Angst wird sicher kommen! Der Verstand wird Ihnen erklären, dass das nicht klappt, einfach zu warten, bis Sie gefragt werden. Er redet Ihnen ein, es wird nichts passieren und Sie werden Ihr Leben mit Warten auf Fragen verbringen, die niemals kommen. Er mag es einfach nicht, auf den Respons zu warten. Er will planen, in die Zukunft schauen und Perspektiven haben, nicht im Jetzt den Körper entscheiden lassen.

Wenn ein Generator seine Zukunft plant, könnte das so ausschauen: Maximilian hat sein Leben durchgeplant, mit zwanzig sind ihm die Schritte klar. Zuerst das Studium, dann das Doktorat, Post-Doktorats-Stelle in Deutschland, danach zurück auf die Universität Wien als Dozent, mit dem langfristigen

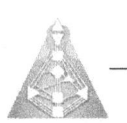

Ziel des Institutsleiters auf der Uni. Als Herr Professor bis zum Siebzigsten mit der Hauptlebensaufgabe – der Wissenschaft. Dazu kommt in der Stadt eine große Eigentumswohnung, als Hobbys Rennradfahren und Rudern, am besten Frau und zwei Kinder. Mit dreißig, als er gerade das Doktorat abgeschlossen hat, bemerkt er, dass alles, womit er sich beruflich beschäftigt, frustrierend ist. Er fragt sich, ob seine Pläne noch zu ihm passen.

Ein glücklicher Zufall ist da ein Gespräch mit einer Freundin, die mit dem Human Design beschäftigt ist. Sie erklärt ihm seine Bauchstimme. Er fängt an, sich mit seiner inneren Stimme auseinanderzusetzen, was ihm an Anfang wirklich schwerfällt. Seine Freundin unterstützt ihn dabei, indem sie ihn regelmäßig zu seiner Zukunft fragt. Er merkt sehr schnell, dass er schon bei der Post-Dozentenstelle kein „mhm" hat. Seine Freundin fragt ihn wieder und wieder und es bleibt ein Nein. Dann tauchen viele Ängste in ihm auf. Er überlegt, ob er die Ausbildung, die seine Freundin da gerade macht, auch machen soll. Als sie ihn das auch noch fragt, kommt ein klares „mhm". Wieder tauchen Ängste auf. Bin ich damit lebensfähig? Die Ausbildung kostet sehr viel Geld, bringt es das? Kann ich mir das leisten und wie ist dann meine Zukunft?

Die Erfahrung über viele Jahre in der Beratung mit dem Human Design zeigt, dass man, wenn man ein „mhm" hat, befriedigt im Leben steht – auch wenn man vielleicht am Anfang weniger Geld verdient, aber in letzter Konsequenz hat man sich für die Bauchstimme entschieden.

Die Ängste tauchen auf, wenn der Respons „mhm" zu Entscheidungen kommt, die nicht dem Plan, dem erdachten Konzept, den üblichen Meinungen vom Leben und den anerzogenen Zielen entsprechen. Sie sind der Prüfstein, ob wir uns wirklich trauen, uns auf Typ, Strategie und Autorität zu verlassen. Der Verstand versucht, mit allen Mitteln die Kontrolle zu behalten. Er malt sich und uns Horrorszenarien aus, das „Kopfkino" fährt Schlitten mit uns, wenn wir anfangen, dem Körperimpuls zu vertrauen. Wenn der Verstand die Kontrolle über unser Leben verliert, konfrontiert er den Menschen mit unterschiedlichsten Ängsten.

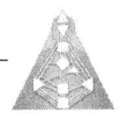

Nehmen wir hier ein anderes Beispiel: Eva ist Rechtsanwältin, sie arbeitet in einer Gemeinschaftskanzlei, ist erfolgreich und verdient wirklich viel Geld. Trotzdem ist sie völlig frustriert. Ihr Umfeld kann das nicht verstehen, sie hat einen tollen Job, sie verdient gutes Geld und sie bekommt Anerkennung für ihre Arbeit. Eva bekommt überraschend ein Angebot, doch für ein Jahr nach Afrika in die Entwicklungshilfe zu gehen. Alles in ihr sagt „mhm, ja das passt für mich genau".

Der Verstand wird in dem Augenblick alle guten Argumente finden, die ihr sicher die Lust daran nehmen. Er wird sagen: „Bist du verrückt, Afrika ist gefährlich. Du verdienst damit nur zwanzig Prozent von dem, was du jetzt hast. Du kannst deinen Standard nicht halten. Du hast danach keinen Job mehr …" Der Verstand ist schlau, er hat alle Zeit der Welt, gut zu recherchieren und die Ängste zu pushen.

Wenn Eva ihrem Respons vertraut, wird sie die richtige Entscheidung für sich treffen, die Entscheidung, die sie glücklich und zufrieden macht. Vielleicht ist es ein Verzicht auf der einen Seite, aber das große Glück auf der anderen.

Weil wir in den meisten Fällen darauf konditioniert sind, initiativ zu sein, immer etwas zu tun, ist uns der „aktive Zustand des Wartens" nicht so vertraut. Aber Warten heißt, weiterhin im Leben zu stehen, die Energie einzusetzen und seine Arbeit zu verrichten. Reden kann man über alles und jederzeit und die Fragen kommen sicher. Das Leben läuft weiter, der Alltag, das tägliche Schaffen, geht voran, aber selbst in diesem Tun ist Achtsamkeit wichtig. Durch die Achtsamkeit fällt auf, dass tatsächlich täglich viele Fragen auftauchen, auf die man reagieren kann. Bei diesen Fragen passiert es auch immer wieder, dass der Verstand sich einschaltet, weil er das Leben kontrollieren möchte, doch das ist eine Illusion. Sinnvoll ist es, ihn auch wirklich einzusetzen, um ihn zu beruhigen, ihn zu allen Aspekten der Entscheidung recherchieren zu lassen. Das aktiviert und beschäftigt ihn und kann auch wirklich sehr hilfreich sein, aber er ist nicht befähigt, zu bestimmen und zu entscheiden. Der gesunde Menschenverstand soll aufmerksam und achtsam das Leben beobachten und uns auf dem Weg unterstützen.

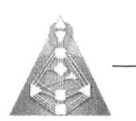

Wenn der Generator handelt und sich gegen seine Bauchstimme entscheidet, ist Frustration die direkte Folge davon. Dabei ist es egal, ob es um Beziehungen oder den Job, um das Essen oder das Anziehen geht. Wenn die Körperreaktion ein „nn" ist und man tut es trotzdem, ist der Lebenswiderstand vorprogrammiert, es steht keine Energie zur Verfügung. Die Belohnung, wenn wir uns für das entscheiden, was die Bauchstimme sagt, ist Befriedigung. Wirklich befriedigt und kraftvoll im Leben zu stehen, das ist das Ziel.

Aufgeben und Abbrechen passiert bei Generatoren, wenn sie sich falsch entschieden haben, weil dann keine Energie zur Verfügung steht. Wenn Generatoren bei falschen Projekten arbeiten, weil der Kopf der Meinung ist, das ist genau das Richtige für mich, obwohl der Körper „nn" gesagt hat, kommt der Frust. „Aus nichts wird nichts – Geduld überwindet alles." Das oberste Gebot ist die Geduld, sie ist das schwierigste Thema im Prozess zu sich selbst.

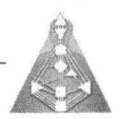

Starten Sie ein Experiment. Machen Sie an einem Tag wirklich nur das, wo das Leben Sie fragt. Versuchen Sie, wirklich nichts zu tun, außer Sie werden gefragt. Und wenn Sie gefragt werden, dann achten Sie auf Ihren Respons.

Bleiben Sie im aktiv im Nichtstun, setzen Sie keine Initiativen!

1.2 Die Beziehung

In Beziehungen geht es dem Generator immer darum, etwas zu schaffen, z. B. ein Haus zu bauen oder Kinder zu bekommen und aufzuziehen oder eine Firma zu gründen. Da die Arbeit das wichtigste Thema ist, beeinflusst sie die Beziehung, nach dem Motto „Stimmt und funktioniert die Arbeit, beeinflusst es die Beziehung positiv!".

Wenn diese Menschen eine Beziehung haben, steht trotzdem die Arbeit im Vordergrund. Dies kann auch die gemeinschaftliche Routinearbeit sein, wie Wohnung zusammenräumen, Haus bauen, kochen, Gartenarbeit oder andere Arbeiten in der Beziehung. Typisch für zwei Generatoren wäre es z. B., ein altes Haus zu kaufen, das gemeinsam umzubauen, zu renovieren oder auszubauen. Diese Arbeit erfüllt beide und macht Spaß, wenn am Beginn richtig entschieden wurde.

Auch in Beziehungen ist es so, dass die Generatoren einen Respons haben müssen. Energie, die auf eine Frage freigesetzt wird, bringt den Generator in Bewegung. Um in etwas – ganz egal, was – wie Beziehung, Arbeit, Sex oder Urlaub richtig einzusteigen, müssen sie gefragt werden, auf ihren Respons hören und ein „mhm" haben.

Manche Menschen brauchen lange Zeit, um in eine Beziehung einzusteigen, das hat meist etwas mit der inneren Autorität zu tun. Alle, die das Emotional-Zentrum definiert haben, sollten mindestens ein Mal, besser noch öfter, über solche Entscheidungen „eine Nacht darüber schlafen" und warten, bis sie an dem Punkt sind, wo die Nervosität verschwunden ist und Klarheit und Ruhe entstehen.

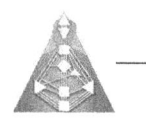

Gerade in der Beziehung ist der Respekt dem Partner gegenüber sehr wichtig. Das Nein bzw. das Ja zu akzeptieren, ist ein wichtiger Teil einer befriedigenden Beziehung.

Nehmen wir ein Beispiel: Im Wohnzimmer stehen zwei volle Wäscheständer, am Tisch noch das Frühstück. Die Partnerin sagt: „Kannst du bitte das alles wegräumen, die Putzfrau kommt in einer halben Stunde". In den Augenblick kommt von ihrem Gegenüber ein klares „nn".

Können Sie das akzeptieren? Achtsam mit dem Respons des anderen umzugehen, macht uns das Zusammenleben meistens leichter. Es ist nicht sinnvoll, die Frage dann wieder und wieder in anderen Variationen zu stellen, bis ein Ja kommt.

1.3 Die Lebensfrage

Die wichtigste Frage für den Generator ist immer „Wer bin ich?"

Generatoren wollen wissen, was sie ausmacht. Über die von außen gestellten Fragen erkennen sie, wer sie sind. Die Frage „Wer bin ich?" hat viele Schichten: Was macht mich aus? Welche Arbeit befriedigt mich? Wie ist mein Lebensstil? Wie passt mein Umfeld? Welches Auto fahre ich? Welcher Partner passt zu mir? Welches Haus passt zu mir?

Im Grunde genommen ist es wichtig, etwas zu finden, was Sie ausmacht und Sie befriedigt. Dann sind Kraft und Power richtig eingesetzt. Am Ende des Tages ein Ergebnis zu haben, etwas erledigt zu haben, befriedigt zu sein, dass durch die Arbeit etwas erschaffen wurde. Egal, ob es jeden Tag das Essen ist, drei Reihen gemauert sind, der Garten umgestochen ist oder ein Wolkenkratzer gebaut wurde.

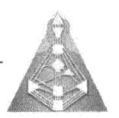

Das Wichtige ist, die Energie in „etwas schaffen" zu setzen. Das Gefühl, etwas erledigt zu haben, ist das Wichtigste, um befriedigt zu sein.

Am Beginn, wenn wir anfangen, uns zu entdecken, sind wir manchmal überrascht, worauf das Sakral-Zentrum reagiert. Herauszufinden, was zu Ihnen und Ihrem Leben gehört, ist das Ziel. Am Anfang wird der Verstand oft anderer Meinung sein als die Bauchstimme. Nur durch die Fragen von außen kann man sich selbst erkennen und wissen, wer man selbst ist.

Wichtig ist der Grundeinstieg in jede Entscheidung, egal, ob Arbeit, Beziehung, Wohnen oder Kinderwunsch.

1.4 Die innere Autorität

Die innere Autorität ist das Zentrum, das immer verlässlich ist und einen Hinweis gibt, was gut und richtig ist für den Generator. In fünfzig Prozent der Fälle ist die innere Autorität gleich der Bauchstimme.

In den anderen fünfzig Prozent braucht es noch eine zusätzliche Information aus dem Emotional- oder Solarplexus-Zentrum.

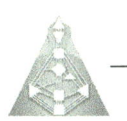

1.4.1 Autorität im Emotional- oder Solarplexus-Zentrum

Wenn das Emotional-Zentrum definiert ist, braucht es, wie schon beim Zentrum erklärt wurde, wirklich Zeit, um Klarheit zu bekommen. Wenn die emotionale Welle beachtet wird, geht das innere Gefühl über das Hoch und Tief der Welle, von dem Gefühl der Unruhe und Nervosität hin zur Klarheit. Dadurch muss man öfter gefragt werden, weil es Zeit braucht, die emotionale Welle durchlaufen zu lassen. Die Minimumzeit zu einem Thema ist, eine Nacht darüber zu schlafen, bei einem anderen Thema kann es erforderlich sein, auch längere Zeit Geduld zu haben. Emotionale Menschen sind extrem ungeduldige Menschen, weil der Verstand ständig sagt, dass man etwas versäumt. Die Erfahrung über die Jahre zeigt uns, das Einzige, was man versäumt, ist Frustration.

Darum brauchen emotionale Menschen auch manchmal länger Zeit, um sich für Beziehung oder Sexualität zu entscheiden. Stellt jemand die Frage „Willst du eine Beziehung mit mir?", dann ist Geduld gefragt. Idealerweise ist es der Zustand, den man erreicht, wenn alles durchgelaufen ist, sowohl die

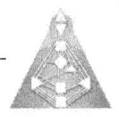

Hochphase als auch die Tiefphase der emotionalen Welle. Günstig ist es, beim Warten den Verstand mit Recherchen zu beschäftigen. Man kann zurückblicken und schauen: „Was hat früher in Beziehungen funktioniert?" „Was hat nicht funktioniert?" Oder man sieht nach vorn: „Kann ich mir das vorstellen, mit diesem Menschen?" Erst wenn die Nervosität vorbei ist, kann man mit der Bauchstimme eine Entscheidung treffen.

Bei alltäglichen Entscheidungen muss man nicht immer warten, bis emotionale Klarheit da ist. Bei Fragen wie „Willst du einen Kaffee?" oder „Willst du mit mir ins Kino gehen?" ist das sicher nicht notwendig. Drei Mal tief durchatmen wird immer empfohlen. Wenn es gar nicht klar ist, ist es eine gute Möglichkeit, dann zu sagen: „Lass uns noch mal telefonieren."

BEISPIEL BERUFSEINSTIEG:
- *Petra hat ein Vorstellungsgespräch und bekommt dort einen Gehaltsvorschlag.*

Sie hat für sich keine Klarheit, ob das der richtige Job ist. Sie merkt das daran, dass sie noch immer nervös ist, und kann sich deshalb noch nicht entscheiden. Nach einer Woche wird sie noch einmal angerufen und eingeladen. Diesmal wird ihr ein größeres Gehalt angeboten. Sie ist noch immer nicht klar. In einem Telefongespräch zwei Tage später wird klar gemacht, dass das das letzte Angebot ist und sie sich entscheiden muss.

Sie merkt in dem Moment, dass sie nicht mehr nervös ist, einen positiven Respons hat, und nimmt deshalb das Angebot an.

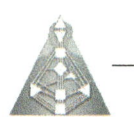

1.4.2 Autorität im Sakral-Zentrum

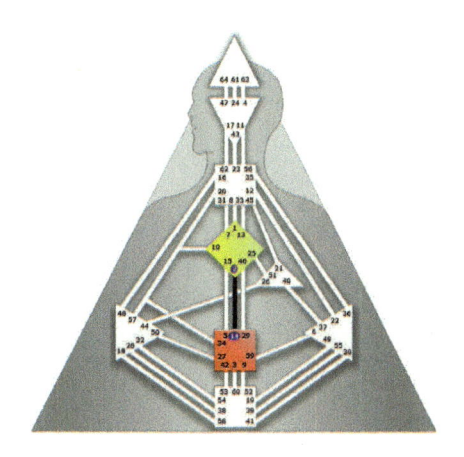

Sie treffen Ihre Entscheidungen aus dem Sakral-Zentrum, auf Grund der Reaktion, und folgen damit Ihrer Körperenergie. Ein einmaliges „mhm" trifft die Entscheidung.

1.5 Die Umsetzung

Es gibt zwei Arten von Generatoren, die „reinen" Generatoren und die „manifestierenden Generatoren", die einen Unterschied in der Schnelligkeit der Umsetzung haben. Dies hat etwas mit der Verbindung des Sakral-Zentrums mit der Kehle zu tun. Gibt es da eine Verbindung, ist Umsetzung sofort möglich. Die „reinen Generatoren" müssen auf eine Handlungsverbindung warten, die entweder von einer anderen Person oder von einem Transit kommt. Dadurch können die „manifestierenden Generatoren" schneller umsetzen, manchmal sind sie vorschnell und müssen wieder zwei Schritte zurückgehen.

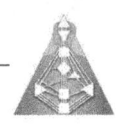

1.5.1 „Reiner" Generator

Wenn die Entscheidung getroffen ist, folgt die Umsetzung beim reinen Generator Schritt für Schritt. Der Fehler, der passieren kann, ist, dass der Verstand der Meinung ist, dass man sofort umsetzen muss. Wichtig ist es zu warten, bis sich eine Umsetzungsmöglichkeit bietet. Dazu braucht man viel Geduld.

Beispiel: Pauline hat die Entscheidung getroffen, dass sie ihr Auto wechseln will. Sie fährt in unterschiedliche Autohäuser und bemerkt, dass kein Auto wirklich passt. Zufällig kommt ein Freund zu Besuch, der erzählt ihr, dass Fiat einen neuen Pick-up hat. In dem Moment hat sie einen Respons. Sie geht ins Internet, googelt und findet einen weißen Fiat, macht sich einen Termin mit dem Verkäufer aus und hat dann drei Tage später das neue Auto.

Die fehlende direkte Umsetzungsverbindung entsteht dadurch, dass die Kehle nicht direkt oder indirekt mit einem Motorzentrum verbunden ist. Dadurch braucht der Mensch die Einwirkung von außen. Diese Einwirkung können sowohl andere Menschen, aber auch Tiere oder eine Zeitqualität sein.

Damit braucht man manchmal für das Erreichen der Realisierung länger. Manchmal, wenn man richtig entschieden hat, geht es über ein Steckenbleiben und Wieder-vorwärts-Gehen langsam zum Ziel.

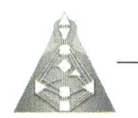

1.5.2 Manifestierender Generator

Der Unterschied zum reinen Generator ist die direkte Verbindung eines Motors zum Kehl-Zentrum. Dadurch können diese Menschen oft und leicht ihre Entscheidungen in Handlung umsetzen.

Dadurch kann die Reaktion schneller umgesetzt werden als beim „reinen" Generator. Sie sind in ihrer Geschäftigkeit für die meisten Menschen wirklich beeindruckend. Das Charakteristikum ist, oft vorschnell in der Umsetzung zu sein, das ist die natürliche Art und Weise, wie sie die Dinge umsetzen.

Ein Beispiel dazu wäre: Man öffnet den Kühlschrank und will sich Milch zum Kaffee nehmen, aber es ist keine Milch mehr da, darum geht man schnell zum nächsten Geschäft einkaufen. Man kauft die Milch und fährt nach Hause.

Zu Hause angekommen, sieht man die Katze vor der Tür sitzen und sie miaut. „Mist", schießt es dann in den Kopf, „Katzenfutter brauchen wir auch noch!"

Die manifestierenden Generatoren sollten sich im praktischen Alltag Listen schreiben. Im Leben ist es so, dass sie immer

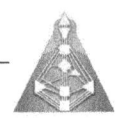

„drei Schritte vor und zwei zurück" machen, aber im Endeffekt nur einen Hauch schneller sind als die reinen Generatoren.

Wenn der manifestierende Generator eine nicht authentische Entscheidung trifft, wird er Dinge schnell beginnen und schnell wieder beenden. Man merkt bereits am Anfang, dass man keine Energie hat, und bricht das Projekt gleich wieder ab. Das führt nicht nur zur Frustration, sondern auch zum Zorn. Bei korrekten Entscheidungen sind sie trotzdem vorschnell im Umsetzen, können aber ohne Frust zwei Schritte zurückgehen, um das Ziel zu erreichen.

1.6 Aus der Beratung

In den Beratungen fällt auf, dass Menschen, die sich auf Typ, Strategie und Autorität verlassen, zu einem befriedigenden Leben und zu einer entsprechenden Arbeit finden. Das heißt nicht, dass jede Beziehung durch das Human Design ein glückliches Ende findet. Manchmal ist Trennung auch eine gute Lösung.

PAARBERATUNG ASTRID UND NICOLAS:

- *Astrid und Nicolas sind schon seit 13 Jahren verheiratet, als sie in die Beratung kommen.*

Nach kurzen einleitenden Worten kommen wir zu den ersten Fragen.

„Was ist euer Ziel in der Beratung?", will Andrea am Beginn wissen.

„Die Beziehung läuft unrund und es gibt schon länger keinen Sex mehr", antwortet Nicolas.

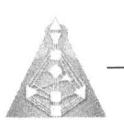

„Es macht überhaupt keinen Spaß mehr gemeinsam, alles ist nur mehr mühsam und anstrengend. Ich kann mir schwer vorstellen, wie sich das ändern soll", bemerkt Astrid.

Die zweite Frage in der Beratung ist in Beziehungen immer: *„Wie seid ihr in die Beziehung eingestiegen?"*

Die beiden erzählen, dass Nicolas Astrid sehr umworben und mehrmals gefragt hat, ob sie eine Beziehung mit ihm will. Astrid hat nach einiger Zeit dann nicht nur Ja gesagt, sondern auch ihn gefragt, ob er sich sicher sei, dass er mit ihr gemeinsam in die Zukunft gehen will.

Andrea erklärt den beiden Typ und Autorität. Astrid ist eine Generatorin mit emotionaler Autorität und Nicolas ist ein Generator mit Autorität im Sakral-Zentrum. Dies heißt in der Konsequenz, beide müssen sich gegenseitig zu allem im Leben fragen. Astrid muss aufgrund der emotionalen Autorität auch noch mehrmals gefragt werden.

Als Aufgabe bis zur zweiten Beratung erhalten sie: *„Bitte achtet darauf, euch zu allem gegenseitig zu fragen. Die wenigsten Paare haben das gelernt, es ist aber in einer Generatorenbeziehung essenziell wichtig. Zusätzlich ist es notwendig, sich gegenseitig aufmerksam zu machen, wenn einer von euch in einen Befehlston fällt."*

Die beiden kommen in die zweite Beratung in ganz anderer Stimmung. Sie lachen miteinander, erzählen aber gleichzeitig, wie schwierig diese Fragerei ist. Dazu sind sie manchmal gar nicht sicher, ob das „mhm" jetzt wirklich so ganz aus dem Bauch kommt. Auffallend ist auch, dass Nicolas das Fragen recht leicht fällt und es ihm auch nichts ausmacht, mehrmals zu fragen, aber dass Astrid dann nicht zurückfragt. Und das

Thema Befehlston miteinander haben sie beide immer wieder.

Da haben sie sich ein Codewort ausgemacht, und das funktioniert sehr gut. Schnell wird dann eine Frage formuliert. Auch ein Nein zu akzeptieren ist für beide nicht so leicht. Den anderen mit seinem sakralen Respons auch zu akzeptieren, wenn Nicolas fragt „Kannst du uns was kochen" und von Astrid kommt ein „nn". Oder wenn Astrid die Wäsche aufs Bett gelegt hat und Nicolas bittet „Kannst du sie in den Kasten räumen" und es kommt ein „nn". Gerade in solchen Alltagsorganisationen ist es für beide manchmal schwer, das Nein stehen zu lassen. Insgesamt wird klar, dass Nicolas doch manchmal zu wenig oft fragt.

Astrid ist öfter mit sich selbst unzufrieden, wenn die emotionale Welle noch nicht durchgelaufen ist und sie würde so gerne spontan antworten. Beide sind oft ungeduldig mit dem anderen, aber sie haben auf einmal wieder mehr Nähe zueinander und genießen die gemeinsame Zeit.

Für beide ist nach der zweiten Beratung schon klar, dass für sie das Fragen gut funktioniert. Das Verständnis der Struktur des anderen macht ihnen die Beziehung leichter und dadurch kommt wieder Befriedigung statt Frustration ins System.

PAARBERATUNG GERALD UND ELISABETH:

- *Gerald und Elisabeth sind erst wenige Jahre ein Paar.*
- *Sie kommen in die Beratung, weil Elisabeth so extreme emotionale Tiefen hat, die Gerald nur noch schwer aushält. Elisabeth ist eine Generatorin mit emotionaler Autorität und Gerald ist ein Generator mit Autorität im Sakral-Zentrum.*

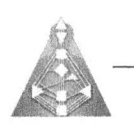

Auf die erste Frage „Wie seid ihr in die Beziehung eingestiegen?" wird schnell klar, dass es gar nicht ihren Grundtypen entsprochen hat.

Gerald hat wie ein Manifestor agiert und einfach nur ein Statement gemacht („Ich will mit dir ins Bett"), Elisabeth hat einfach recht typisch, aber falsch für emotionale Menschen, spontan reagiert und Ja gesagt.

Elisabeth ist in der Zeit mit Gerald immer frustrierter geworden. Sie hat aufgrund von Problemen in der Arbeit auch immer wieder zu Hause die Beherrschung verloren und völlig unreflektiert getobt. In der Folge kam noch eine Depression dazu.

Gerald, der emotional offen ist und bei dem sich diese negativen Emotionen, die Elisabeth mitbringt, noch verstärkt haben, hat es nicht mehr ausgehalten. Er ist aus dem gemeinsamen Schlafzimmer ins Gästezimmer gezogen und hat sich in die Arbeit geflüchtet. Wenn Elisabeth „ausflippt", wie er es bezeichnet, dann geht er, sperrt das Gästezimmer zu und lässt sie toben.

Schon in der Erstberatung wird deutlich, dass Gerald nicht bereit ist, sich auf einen längeren Prozess und das gegenseitige Fragen-Stellen einzulassen. Er hat genug von ihren Anfällen. In die Beratung ist er mitgekommen, um einen außenstehenden Dritten zu haben, wodurch Elisabeth weniger aggressiv reagiert. Er hat die Beratung genutzt, um endgültig aus der Beziehung auszusteigen.

Elisabeth entscheidet für sich, allein weiter in die Beratung zu gehen, um mit ihrer emotionalen Welle besser klarzukommen. Sie kann ihr Wissen beim Einstieg in eine neue Partnerschaft gut verwenden, wartet ihre Welle ab und den sakralen Respons.

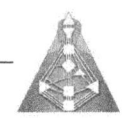

Die Erfahrung in der Paarberatung zeigt, dass, wenn zwei Menschen nicht ihrem Typ entsprechend in die Beziehung einsteigen, oft eine Trennung die beste Lösung ist, weil es fast nicht möglich ist, dann aus dem Frust wieder herauszukommen.

Viele Menschen steigen aber auch ohne das Wissen des Human Designs richtig in eine Beziehung ein.

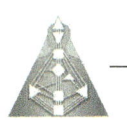

2. MANIFESTOR

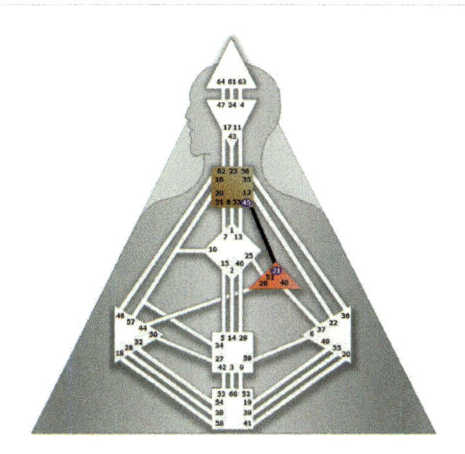

Charakteristika	offenes Sakral-Zentrum, Motor direkt oder indirekt zur Kehle verbunden
Typ	Energietyp
Strategie	Informieren
Lebenswiderstand	Zorn
Fähigkeit	etwas in Gang setzen, initiieren
Lebensfrage	Welchen Einfluss habe ich?
Ziel	Friede
Energie/Ausstrahlung	geschlossen abweisend

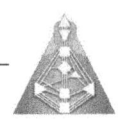

Sie erkennen den Manifestor daran, dass ein Motor (Emotional-Zentrum, Herz-Zentrum oder Wurzel-Zentrum) direkt oder indirekt mit dem Kehl-Zentrum verbunden ist. Das Sakral-Zentrum darf nicht definiert sein. Nur acht Prozent der Menschen gehören zu diesem Typ.

Manifestoren können immer aus sich heraus handeln und sprechen. Sie müssen nicht auf Fragen von außen warten. Wenn sie etwas möchten, tun sie es einfach, egal, ob es darum geht, ein Geschäft zu eröffnen oder einkaufen zu gehen. Dieses Einfach-Tun, was der Manifestor gerade sinnvoll findet, stößt im Außen oft auf massiven Widerstand. Sie kennen das sicher, die anderen unterstützen Ihre Idee nicht und sind grundsätzlich dagegen. Manche behaupten, Sie sind unberechenbar, und einige fürchten sich auch vor Ihnen. Manche fragen ständig: „Wo gehst du hin?", „Was machst du?" auch wenn Sie nur kurz auf dem Weg ins Bad sind. Immer allen anderen Menschen Rede und Antwort stehen zu müssen, dieser Widerstand von außen, macht Sie zornig. Ständig gebremst zu werden, dass man Sie nicht machen lässt, führt bei Ihnen zu Entrüstung. Sie verstehen einfach nicht, warum man Ihnen so viel Misstrauen entgegenbringt. Es kann auch sein, dass Sie nie zornig werden, weil Sie längst aufgegeben haben und aufgehört haben, etwas von sich aus zu tun. Oder aber Ihren Zorn so hinuntergeschluckt haben, dass Sie ihn selbst nicht mehr bemerken.

Da Manifestoren von ihrer Umwelt als unberechenbar wahrgenommen werden, haben sie manchmal auch den Ruf, eine Gefahr für die Stabilität des Systems (Familie oder Firma) zu sein. Sie machen den Menschen Angst, da sie niemanden brauchen, um zu initiieren. Diese Furcht bewirkt, dass alle versuchen, die Manifestoren zu kontrollieren, was in der Realität aber nicht funktioniert.

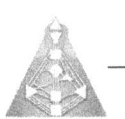

Das ist die Situation, in der Sie stecken. Sie entsteht, wenn ein wichtiger Punkt nicht beachtet wurde. Ihre Aufgabe als Manifestor ist es, die Mitmenschen (Partner, Kollegen, Eltern) zu informieren über das, was Sie zu tun beabsichtigen. Es ist eine artifizielle Technik. Das bedeutet, es ist für Ihr soziales Überleben wichtig, dass Sie informieren, aber es ist für Sie unnatürlich. Durch die Information schaffen Sie sich Verbündete, die Ihnen vertrauen und sich nicht übergangen fühlen. Sie werden jetzt einwenden: „Das hilft nichts, einfach nur zu informieren, ich muss mich immer rechtfertigen". Dazu ist zu sagen: „Es gibt niemanden, der Sie bremsen kann. Es gibt niemanden, den Sie um Erlaubnis fragen müssen für Ihre Projekte. Aber es werden Ihnen die Türen geöffnet, wenn Sie die Menschen informieren". Dabei geht es auch darum, alle zu informieren, die von Ihrer Entscheidung betroffen sind.

Achtsamkeit und Informationsweitergabe ist normalerweise nicht Ihr Fokus. Da es für Sie nicht so leicht ist, Informationen zu geben, und es für Sie einfach lästig ist, müssen Sie es üben. Testen Sie es einfach einige Zeit, Sie werden sich wundern, wie viel leichter Sie Ihre Ideen umsetzen können.

Hier ein paar Beispiele:

- *Sie sagen zu Ihrem Partner: „Ich gehe einkaufen."*
- *Sie informieren Ihre Kollegen und Vorgesetzten: „Ich starte mit dem Projekt."*
- *Es geht auch um ganz einfache Informationen wie „Ich gehe jetzt in die andere Abteilung" oder die Mitteilung an die Putzfrau „Ich gehe drei Wochen auf Urlaub".*

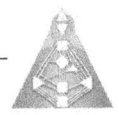

Die Konsequenz Ihrer Information ist: Es wird Frieden einkehren zwischen Ihnen und Ihren Mitmenschen.

Wichtig zu wissen ist, dass informieren nicht heißt, den anderen um Erlaubnis zu fragen.

Das ist ein bisschen anders bei Kindern. Wenn Sie ein Manifestorkind haben, sollte es lernen, höflich zu sein und um Erlaubnis zu fragen. Sie als Eltern sollten Verbote und Beschränkungen nur gerechtfertigt und mit Erklärung aufstellen. So lernt das Kind schon in jungen Jahren, sich seinem Typ als Manifestor entsprechend zu verhalten und sein Zorn und Ärger darüber, dass sein Tun auf Ablehnung stößt, wird auf ein Minimum reduziert. Wenn das Kind zum Jugendlichen wird und zum Erwachsenen, ändert sich die Strategie dann in die reine Information.

2.1 Die Fähigkeiten

Manifestoren sind die Macher in unserer Gesellschaft, sie initiieren aktiv und sind reine Tatmenschen. Sie können ihre Kraft mobilisieren und sofort umsetzen. Sie sind durch andere nicht kontrollierbar und sollen auch nicht kontrolliert werden. Einschränkung ist nicht möglich.

Vielen Menschen machen sie genau durch die Unkontrollierbarkeit große Angst, weshalb man ihnen Widerstand entgegenbringt. Da sie keine anderen Menschen brauchen, um aktiv zu sein, aber nur „kleine Motoren" zur Verfügung haben, sind sie für schnelle Aktionen, nicht für Ausdauer gemacht. Manchmal wirken sie so, als würden sie einfach ihre „Bomben" fallen lassen und gehen und die anderen müssen den Rest machen. Genau das wäre der richtige Job für sie.

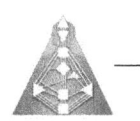

Der Schlüssel für sie heißt informieren! Viele Manifestoren machen das nicht so gerne, weil sie immer denken, „dann werde ich gestoppt". Aber einen Manifestoren zu stoppen ist nicht möglich.

Wenn ein Manifestor sich auf die Strategie des Informierens einlässt, werden seine Ängste auftauchen, die da sein könnten: jemanden zu verärgern; mit der Information eine Konfrontation auszulösen; dass jemand versuchen werde, sie zu kontrollieren, wenn sie vorher informieren; auf Widerstand oder Zurückweisung zu stoßen; sowie die Angst vor der eigenen Wut.

Haben Sie den Mut, informieren Sie und finden Sie damit den Frieden, den Sie suchen.

2.2 Die Beziehung

Auch hier ist Information das Thema, egal, ob am Beginn oder am Ende einer Beziehung. Der Manifestor informiert sein Gegenüber über das, was er will. Um korrekt in die Beziehung einzusteigen, muss er, wenn er jemanden mag, den ersten Schritt machen.

Hier ist es wirklich wichtig, aktiv zu sein, auch wenn das Risiko einer Ablehnung immer gegeben ist. Das heißt, der Manifestor muss die Information über das, was er will, geben, auch wenn er Angst vor der Zurückweisung hat. Wenn er gelernt hat zu informieren, wird er diese Angst verlieren, weil ihm dies nichts mehr ausmacht. Er wird sich vielleicht denken „andere haben auch schöne Söhne bzw. Töchter". Kränkung oder Verletzung durch Ablehnung wird aus dem Leben weichen.

Er hat immer das Gefühl, alles selbst machen zu müssen, jetzt auch noch in der Beziehung. Das bedeutet, wirklich und direkt zu fragen, z. B.: „Ich will eine Beziehung mit dir, überleg dir das und sag mir, ob es für dich passt"; oder „Hast du Lust auf eine Affäre mit mir?"

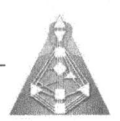

Vor allem für Frauen ist es sehr ungewöhnlich, dass sie nicht umworben werden sollen, sondern selbst aktiv ihre Entscheidungen treffen und den Partner informieren. Aber nur so ist es richtig für sie, in Beziehungen einzusteigen. Auch ein Ausstieg aus Beziehungen oder die Beendigung einer Tätigkeit braucht Information. Die Information beruhigt das System und reduziert den Widerstand gegen sein Tun.

Um eine friedliche Beziehung zu führen, muss der Manifestor über wirklich alles informieren. Das beginnt, wenn er aus dem Haus geht, um Semmeln fürs Frühstück zu holen, und endet bei „Ich werde das Haus für uns kaufen".

Was das in Beziehungen mit den anderen Typen bedeutet, werden wir später noch besprechen. Die Wirkung bzw. die Ausstrahlung (Aura) ist es, geschlossen und abweisend zu sein. Deshalb haben die anderen Typen oft das Gefühl, dem Manifestor nie so nah kommen zu können wie anderen Typen.

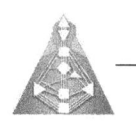

2.3 Die Lebensfrage

„Welchen Einfluss habe ich?"

Sie sollten sich überlegen, wen Sie mit ihrer Entscheidung beeinflussen und wen Sie deshalb informieren müssen. Sie wollen Einfluss gewinnen, weil Manifestoren vor einigen hundert Jahren die typische Führungspersönlichkeit waren und diese Historie noch immer wirkt.

Ein korrekt agierender Manifestor wird verwundert sein, wie viel Einfluss er hat. Den Manifestoren ist ihre Wirkung manchmal selbst gar nicht bewusst.

Es ist wichtig, dass Ihnen klar wird, welchen Einfluss Sie als Manifestor auf die Menschen haben. Oft ist das völlig unklar. Wenn Sie korrekt agieren und informieren, werden Sie schnell bemerken, wie groß Ihr Einfluss ist und wie Sie dadurch Unterstützung bekommen. Sie müssen sich Ihrer Wirkung auf andere bewusst werden.

Eine gute Möglichkeit ist zu überprüfen, wer von Ihrer Entscheidung beeinflusst wird und aus diesem Grund auch darüber informiert werden sollte. Informieren ist ein Zeichen für den Respekt, den Sie für die Menschen in Ihrem Umfeld haben. Sie zeigen damit auch, dass Sie nicht gefährlich sind, sondern dass man Ihnen vertrauen kann.

Sie sind wie einsame Wölfe, die gerne in Ruhe gelassen werden, um ihre eigenen Dinge zu tun. Trotzdem: Wenn Sie etwas tun, dann wollen Sie ganz oft mit Ihrem Tun Einfluss gewinnen.

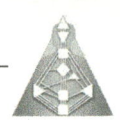

2.4 Die innere Autorität

2.4.1 Autorität im Emotional- oder Solarplexus-Zentrum

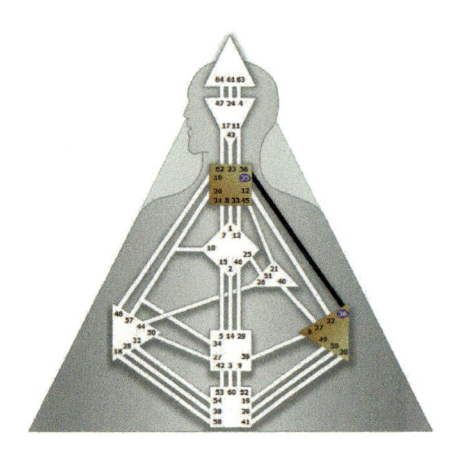

Mit einem definierten Emotional-Zentrum sind Manifestoren oft sehr impulsiv. Es ist Geduld gefragt, was nicht unbedingt die Stärke des Manifestors ist. Es ist notwendig zu warten, bis die emotionale Welle einmal durchgelaufen ist und man nicht mehr nervös ist. Bei Entscheidungen, die wichtig sind und schnell getroffen werden sollen, sollte man zumindest eine Nacht darüber schlafen, damit die Welle zumindest einen Teil weitergelaufen ist.

Für den emotionalen Manifestor ist das extrem schwer, denn er zeichnet sich durch Schnelligkeit aus, und das steht im Kontrast zu dieser inneren Autorität. Der emotionale Prozess braucht Zeit. Die Entscheidung sollte fallen, wenn man nicht mehr nervös ist und weil es sich richtig anfühlt.

Der Manifestor will die Dinge schnell umsetzen und steht deshalb unter Entscheidungsdruck, das ist mit emotionaler Autorität eine Herausforderung und will gelernt sein.

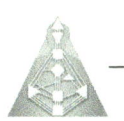

Spontanes Informieren, bevor die Welle ganz durchgelaufen ist, bewirkt, dass es nicht die emotionale Wahrheit ist. Auch daraus entsteht Zorn. Natürlich können Sie nicht von einem Tag auf den nächsten Ihr Verhalten ändern. Wenn Sie sich auf den Prozess des „Welle-Abwartens" einlassen und das durchhalten, kann Ihnen das die negative Konsequenz des spontanen Handelns ersparen.

2.4.2 Autorität aus der Milz

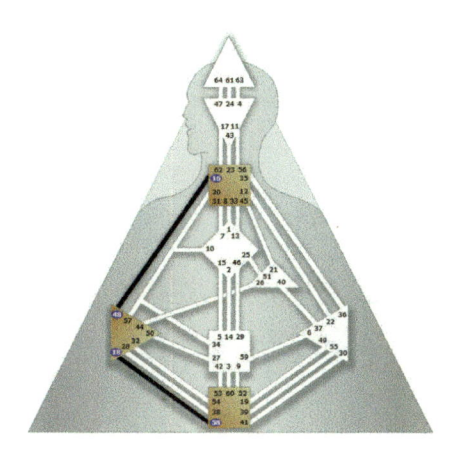

Aus der Milz zu entscheiden heißt, auf sein Ganzkörpergefühl zu achten. Diese Impulse sind kurz, klar und eindeutig und melden sich nur ein Mal. Ganz oft werden sie als Instinkt und Intuition bezeichnet. Dieses Ganzkörpergefühl trifft die Entscheidung. Bevor Sie handeln, müssen Sie alle, die es betrifft, informieren.

2.4.3 Autorität im Herz- oder Ego-Zentrum

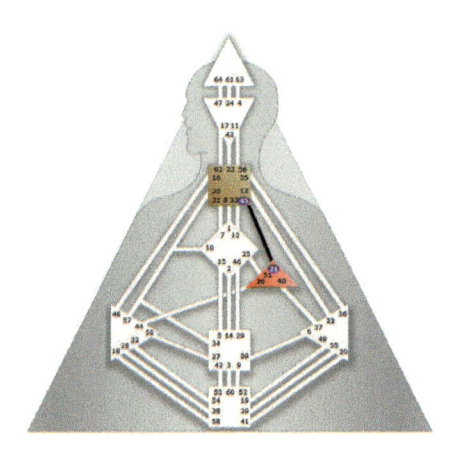

Sie treffen Ihre Entscheidungen aus Ihrem Willen. Sie spüren das als ein „Ich will jetzt", da das Herz ein Motor ist und diese Energie anspringt.

Wenn die Autorität im Herzen ist, ist festgelegt, dass dies der einzige Motor ist, dadurch ist es so deutlich spürbar. Nach der Entscheidung müssen alle informiert werden, bevor man ins Handeln gehen kann.

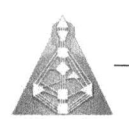

2.5 Die Umsetzung

Für den Manifestor heißt das: informieren, informieren, informieren und dann tun, was immer man tun will. Oft ist es schwierig, das zu lernen, weil die meisten Manifestoren von Kind auf sehr eingeschränkt wurden in ihrem Tun. Zu lernen, dass niemand sie wirklich bremsen kann, ist erleichternd und lässt sie entspannter informieren.

Manifestoren sind dafür da, etwas zu initiieren und in Gang zu setzen. Idealerweise würden sie dann an die Generatoren abgeben und diese die Arbeit tun lassen. Wenn sie dann die Dinge weiterführen wollen, es nicht abgeben können, dann wissen sie nicht, wann genug ist. Sie können zu echten Workaholics werden, deren Timing völlig verkehrt ist und die dadurch jede Menge Widerstand in ihrem Leben schaffen.

Wenn der Verstand nicht mehr die Entscheidungsautorität hat, sondern Strategie und Autorität das Leben anleiten, erntet der Manifestor den Frieden, den er sich immer wünscht. Er bekommt mehr Einfluss, er initiiert ausschließlich und wird dadurch sehr effizient.

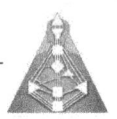

2.6 Aus der Beratung

EIN BEISPIEL:

Barbara, eine Manifestorin, ist Regionalleiterin in einem großen Konzern. Sie ist neu an diesem Standort. Sie kommt in die Beratung, weil ihrem Chef aufgefallen ist, dass es so starke Wechsel im Team gibt, wenn sie ein Projekt übernimmt. Als Auftrag von ihm hat sie bekommen, dass sie sich coachen lässt, damit diese Personalwechsel nicht wieder passieren. Sie ist darüber sehr verärgert, denn es gibt ständig Kritik an ihrem Tun, sogar die Buchhalterin ist in ihrem letzten Job zu ihrem Vorgesetzten gegangen und hat sich über sie beklagt.

Sie versteht das überhaupt nicht. Sie will ja niemanden verärgern, aber sie hat das Gefühl, wenn sie nur den Mund aufmacht, ist Ärger schon vorprogrammiert. Auf Empfehlung ihrer besten Freundin, die Erfahrung mit dem Human Design hat und der sie hundertprozentig vertraut, kommt sie in die Beratung. Wir sind immer verwundert, wenn Manifestoren in die Beratung kommen, weil diese meist der Meinung sind, dass sie nichts brauchen. Sie finden, wie sie es machen, machen sie es gut und richtig und damit passt es. Meist muss starker Druck von außen kommen (auch ein verpasster Karrieresprung kann ein Motiv sein), um sie zu bewegen, sich die eigene Struktur anzuschauen. Manifestoren wollen einfach ihr Ding durchziehen. Aus diesem Grund und weil sie sich weder beeinflussen, noch kontrollieren lassen wollen, sind sie auch extrem skeptisch gegenüber der Technik des Informierens.

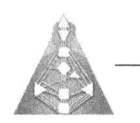

Die Erklärung, die Barbara über ihren Grundtyp bekommt und dass sie als emotionaler Manifestor nicht nur informieren, sondern auch die Welle abwarten sollte, lässt sie schon in der Beratung wütend werden. Sie behauptet: „Ich sage den anderen eh, was ich will, was soll ich noch sagen, ich bekomme dann immer nur ein ‚das geht nicht' oder ‚so haben wir das noch nie gemacht'. Ich bin die Leitung, ich sage, wo es lang geht und aus, Ende."

In der Beratung muss klar werden, dass sie von niemandem gehindert werden kann, ihr Ding durchzuziehen. Wenn sie nicht gebremst werden will, muss sie informieren über das, was sie tut. Es ist für den Manifestor wirklich eine unnatürliche Strategie, aber im sozialen Kontext und in der Zusammenarbeit ist dies notwendig. Erst wenn der Manifestor sein Umfeld informiert, wird er den Frieden bekommen, den er haben möchte.

Der Arbeitsauftrag für die ersten Wochen ist, dass sie einen Tag lang alle über alles informieren soll, was sie tut. Sogar wenn sie aufsteht, um in der Küche einen Tee zu holen, soll sie die Kolleginnen informieren und sagen „ich gehe in die Küche und mache mir einen Tee". Wenn sie auf dem Weg bei der Sekretärin vorbeikommt, sagt sie der das auch. Jeder, den es in irgendeiner Form betrifft, wird informiert. Dann soll sie bewusst einen Tag alles tun, was sie will, und niemanden informieren.

Barbara, die sich in dem Moment, in dem sie aus der Beratung geht, wie fast alle Manifestoren sicher ist, dass Informieren nicht funktioniert, probiert es trotzdem aus und ist selbst verwundert, wie erfolgreich sie damit ist. In der zweiten Beratung wird dann noch Begegnung das Thema.

Sie ist im Augenblick Single und es gibt einen Mann, der ihr gefällt. Auch hier wird es notwendig sein, dass sie informiert, dies heißt, sie muss den ersten Schritt tun, auf den Mann zugehen und sagen, was sie von ihm möchte. Das braucht wirklich Mut, aber um in die Beziehung richtig einzusteigen, ist es notwendig.

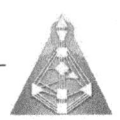

Durch den Erfolg in der Arbeit ist sie beflügelt und geht auf den Mann zu und sagt: „Ich würde gerne mit dir zusammen sein, informiere mich, ob du dir das vorstellen kannst." Der Mann ist wirklich aus allen Wolken gefallen, im ersten Moment, aber dann war es scheinbar so richtig, dass er sich darauf eingelassen hat und mittlerweile sind die beiden verheiratet und haben gemeinsam ein Kind.

ZWEITES BEISPIEL:

Sigrun, eine Manifestorin, ist Physiotherapeutin und arbeitet mit Kindern nach Unfällen. Die Arbeit macht ihr großen Spaß und sie hat das Gefühl, dass die Kinder genau das richtige Umfeld für sie sind. Seit schon fast 20 Jahren ist sie mit Hermann verheiratet, mit dem sie nicht glücklich ist und ihrer Meinung nach auch nie war. Er nörgelt nach ihrer Aussage immer herum, sie mache zu wenig im Haushalt, er habe die ganze Arbeit.

Sie würde sich wünschen, endlich eine Putzfrau zu haben, aber das will Hermann nicht, er will keine fremden Menschen in der Wohnung. Sie hat das Gefühl, er kontrolliere sie ständig und sie dürfe nie tun, was sie wolle. „Das letzte Mal hat er mich ernsthaft gefragt, wo ich hinwill, als ich aufgestanden bin und aufs Klo wollte."

Sigruns Freundin hat gerade den Human Design Basiskurs gemacht und erklärt ihr, dass den Manifestor nie-

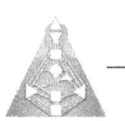

> mand kontrollieren kann. Dass sie die anderen Menschen über das, was sie tun wird, informieren muss, damit es ihr gut geht.
> Ihre Freundin behauptet: „Dieser ewig unterdrückte Zorn muss mal rauskommen, danach kannst du den Frieden finden, den du suchst". Sigrun hat unendliche Angst vor dem Zorn in ihr, „das wird unkontrollierbar, wenn ich mal wirklich loslege".

Mit der abweisenden Aura des Manifestors ist der Zorn für das Gegenüber wirklich sehr heftig. Aber es reicht, am Anfang nur zu informieren über das, was initiiert wird. Nehmen wir das Beispiel Putzfrau: Die Information wäre: „Ich organisiere eine Putzfrau, die soll jeden Donnerstag vier Stunden kommen, wenn ich zu Hause bin und du in der Arbeit".

Niemand kann einen Manifestor bremsen, du vermeidest nur, du selbst zu sein, wenn du dich ständig zurückhältst und nichts mehr initiierst, weil du immer das Gefühl hast, alle wollen dich nur kontrollieren. „Vielleicht reicht es Hermann dann endlich und er trennt sich, ich würde mir das wirklich wünschen". Ihre Freundin erklärt ihr, dass auch das keine gute Idee ist, weil sie, wenn sie sich als Manifestorin trennen will, ihren Partner darüber informieren muss. „Wenn du schon völlig falsch eingestiegen bist, steig wenigstens richtig aus, damit du danach auch Frieden hast".

Sigrun wird klar, dass es ihre Entscheidung ist, ob Trennung oder nicht. Sie muss informieren, dass sie sich trennen will. Das löst in ihr große Angst aus, weil sie Angst vor dem Widerstand hat. In dem Moment, wo sie etwas tut, ohne zu informieren, ist der Widerstand vorprogrammiert.

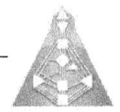

Nach mehreren Beratungen und dem Einstieg in das Informieren entscheidet sie sich wirklich, sich von ihrem Mann zu trennen. Hermann ist sofort klar, dass er sie nicht aufhalten kann. Er ist traurig darüber, aber er weiß, es ist, wie es immer war: Sie entscheidet in ihrer Beziehung. Aber diesmal ist er viel entspannter als in ihrer ganzen Beziehung: Sie hat es klar gesagt und das macht es auch für ihn leichter.

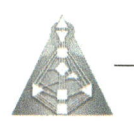

3. PROJEKTOR

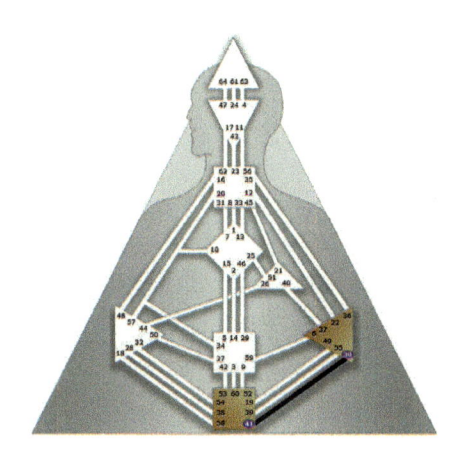

Charakteristika	Offenes Sakral-Zentrum
Typ	Nicht-Energietyp
Strategie	Einladen lassen
Lebenswiderstand	Bitterkeit, Groll
Fähigkeit	Managen, Lenken und Leiten
Lebensfrage	Wer bist du?
Ziel	Erfolg
Energie/Ausstrahlung	Fokussiert

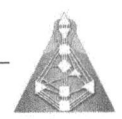

Projektoren sind circa einundzwanzig Prozent der Menschen. Beim Projektor ist das Sakral-Zentrum offen und das Kehl-Zentrum ist mit keinem Motor (Herz-, Wurzel- oder Emotional-Zentrum) verbunden. Projektoren sind die neuen Führungskräfte. Sie sind dafür geschaffen, die Energietypen (Manifestoren und Generatoren) zu managen, zu lenken und zu leiten. Vor allem im beruflichen Kontext kann das eine extrem fruchtbare Zusammenarbeit sein. Als Projektor haben sie keine dauerhafte sakrale Power zur Verfügung. Wenn Menschen mit definiertem Sakral-Zentrum in ihrer Nähe sind, haben sie die Fähigkeit, diese Power zu managen, wenn diese ihnen durch Einladung freiwillig zur Verfügung gestellt wird. Als Projektor haben sie, je nach Veranlagung, eine ganz bestimmte Fähigkeit, die jedoch von den anderen Menschen erst bemerkt werden muss, damit sie auch eingesetzt werden kann. Dies bedeutet, sie müssen von den anderen Menschen zum Leiten und Lenken eingeladen werden. Die Strategie des „Wartens auf die Einladung" ist für Projektoren nur für wichtige Entscheidungen notwendig. Diese sind z. B.: die Einladung zur Arbeit, die Einladung zur Karriere, die Einladung zur Beziehung und die Einladung, an einem bestimmten Ort zu leben. In diesen Bereichen muss es einladend sein für sie, sonst ist jedes Projekt zum Scheitern verurteilt. Einladend sein kann vieles, vom realen Angebot „kannst du das für uns übernehmen und für uns organisieren" bis zum „darf ich dich zum Essen einladen". Es muss wirklich einladend für Sie sein, sonst sollten Sie nicht „Ja" sagen.

In Alltagssituationen wird über die innere Autorität entschieden, es kann auch das Gefühl von „Willkommen-Sein" da sein. Der wichtigste Indikator ist jedoch, es muss wirklich leicht gehen und energieeffizient sein. Sobald es zu mühsam wird, ist es nicht das Richtige.

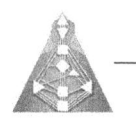

3.1 Die Fähigkeiten

Projektoren können Menschen lenken und leiten, nachdem sie dazu eingeladen wurden. Sie werden jetzt sagen: „Ich muss immer einladen, die anderen tun das nie". Dann sind Sie in die Projektorenfalle getappt. Sie vermuten, dass es keine Einladung geben wird, wenn Sie nicht selbst einladen. Wenn Sie aus sich heraus versuchen, die anderen ohne Einladung zu leiten, werden diese verärgert sein und Ihnen ein negatives Feedback geben. Daraus ergibt sich, dass Sie keine Anerkennung erhalten und verbittert sind.

Projektoren sehen wirklich über den Tellerrand hinaus. Sie haben eine spezielle Wahrnehmung für die anderen, wodurch sie diese leicht durchschauen können. Verbreiten Sie diese Erkenntnisse und dieses Wissen über die anderen nicht wahllos. Nutzen Sie es, wenn Sie danach gefragt werden. In dem Moment werden die anderen Ihr Angebot oder Ihren Beitrag auch gerne annehmen. Gut wäre, die Informationen, die man als Projektor bekommt, nicht sofort und ungefragt preiszugeben, denn das bewirkt einen sofortigen Widerstand im Außen.

Viele Projektoren haben Angst, dass sie nicht eingeladen werden. Wenn Sie jedoch ohne Einladung etwas tun und beitragen, werden Sie immer wieder von den anderen zurückgewiesen und wundern sich, warum die Dinge nicht funktionieren, obwohl es von Ihnen so klar gesehen und so gut gemeint war. Fruchtbare Beziehungen entstehen nur, wenn Sie auf die Einladung warten. Wenn Menschen Sie für Ihre Fähigkeiten anerkennen, können Sie erfolgreich managen, lenken und leiten und darin Ihre Erfüllung finden.

Sie müssen aber nicht jede Einladung annehmen. Sie entscheiden aufgrund ihrer inneren Autorität, welche Einladung für Sie ist. Es muss für Sie eine persönliche und höfliche Einladung sein, die nicht nur verbal sein muss. Das Wichtigste ist die Geduld und das Warten auf die Einladung. Wenn Sie von Ihrem Partner dazu eingeladen werden, mit ihm ein Haus zu kaufen, muss es nicht das erste Haus sein, das Ihr Partner Ihnen vorschlägt. Es muss für Sie auch einladend sein, in diesem Haus zu wohnen.

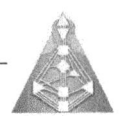

Seien Sie bereit, sich einladen zu lassen. Wenn Sie eingeladen und anerkannt werden, haben Sie die Erlaubnis, die Energie der Energietypen zu managen und diese dadurch effizienter zu machen. Probieren Sie es aus, als Belohnung bekommen Sie den Erfolg, den Sie sich wünschen und Ihre Bitterkeit wird sich auf ein Minimum reduzieren. Projektoren sind die Führungskräfte der Zukunft und die Administratoren einer neuen Ordnung. Da Projektoren immer am „Du" interessiert sind und die Fähigkeit haben, den anderen zu erkennen, fällt es ihnen leicht, andere zu führen.

Das offene Sakral-Zentrum bewirkt, dass Sie für die Power der definierten Zentren wie ein Spiegel funktionieren. Sie nehmen durch das offene Sakral-Zentrum die Energie auf und verstärken diese. Das gibt Ihnen dann ein Gefühl von scheinbarer eigener Schaffenskraft. Sie sind dazu da, über Schaffenskraft zu lernen, aber es damit nicht zu übertreiben. Dadurch ist es wichtig zu erkennen, wann es genug ist.

Projektoren können sehen, wer was erreichen kann und wer welche Energie hat, und können dadurch anleiten. Projektoren und Generatoren bilden die ideale Ergänzung, Projektoren brauchen die Anerkennung, Generatoren brauchen die Leitung. Keiner kann die Aufgabe ohne den anderen erfüllen.

Projektoren sind die großen Studenten, sie wollen verschiedene Systeme studieren und die anderen Menschen damit verstehen lernen. Projektoren sollten nicht im üblichen Sinne arbeiten. Sie haben nicht genug Power zur Verfügung, weil sie keine eigene sakrale Energie haben. Die Empfehlung ist gerade für Projektoren, ihre Energie nur einzusetzen, wenn sie wirklich effizient und wirkungsvoll in der Leitung sein kann. Ihre Rolle und Aufgabe ist es, die Energietypen durch die richtigen Fragen zu lenken. Das heißt, als Projektor muss man lernen, z. B. dem Generator die Fragen zu stellen, die dieser mit seiner Bauchstimme mit „mhm"(Ja) oder „nn"(Nein) beantwortet. Kommt ein „mhm" erkennt man eindeutig, dass Energie zur Verfügung steht, die gelenkt werden kann. Und Projektoren sind Meister im Wissen über den effizienten Umgang mit Energie. Sie möchten die anderen Menschen verstehen und eine effiziente Zusammenarbeit erreichen. Wenn Projektoren eine Entscheidung getroffen haben, verpflichten sie sich zu dem, wozu sie eingeladen wurden. Daher ist es sehr wichtig, bei langfristigen Entscheidungen wie Arbeit, Beziehung und Wohnen besonders vorsichtig zu sein. Nur die Einladung, kombiniert mit der eigenen Autorität, kann die korrekte Entscheidung bringen. Wichtig ist es, genau darauf zu achten, weil ein Ausstieg in der Folge schwierig sein kann, und zwar deshalb, weil man wirklich wieder ausgeladen werden muss.

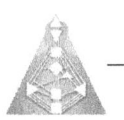

Projektoren haben ein Talent, die richtigen Menschen zusammenzubringen und Lifestyle in deren Leben zu bringen. Lifestyle heißt, dass das Leben nicht nur aus Arbeit besteht, sondern auch aus Freizeit und Vergnügen. Projektoren kennen viele Möglichkeiten, dadurch bringen sie die Lebensqualität in das Leben der anderen Menschen. Wichtig für den Projektor ist, dass es leicht geht. Egal, was sie machen, es sollte leicht fallen und rund laufen. Wenn es das nicht tut, lassen sie es.

Was soll der Projektor tun, wenn er gerade nicht eingeladen

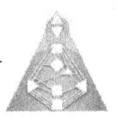

ist? Leben Sie Ihr Leben und Ihren Lifestyle einfach weiter, reduzieren Sie Routinearbeit auf ein Minimum.

Die Gefahr für den Projektor ist, so sein zu wollen wie der Großteil der Menschen. Dadurch, dass mehr als siebzig Prozent Generatoren sind, versuchen Projektoren manchmal, das Leben eines Generators zu leben. Wenn sie das versuchen, sind sie schneller und geschäftiger als die Generatoren, das kann zum Burn-out führen.

3.2 Die Beziehung

Willkommen sein, anerkannt werden und sich eingeladen fühlen, ist hier wichtig.

Um richtig in Beziehungen einzusteigen, muss der Projektor höflich und formell eingeladen werden. Die Anerkennung für die Fähigkeiten und Veranlagungen, die ein Projektor hat, muss vorhanden sein. So wie er für die Beziehung eingeladen werden muss, so muss er auch ausgeladen werden. Auf den richtigen Menschen zu warten, ist oft sehr schwierig. Die Erfahrung von Anerkennung schon in der Kindheit macht es möglich, als Erwachsener klar zu erkennen, wann man anerkannt wird.

Projektoren können durch das Interesse am „Du" den richtigen Lifestyle in die Beziehung einbringen, der auch für das Gegenüber passt. Egal, ob es das gute Buch ist oder eine nette Sauna, ein Genusshotel für den Urlaub oder ein Lokal, in dem das Essen sehr gut ist.

Sie haben einen Blick für solche Dinge und können den anderen Menschen zeigen, was sie sehen. Doch auch in einer noch so innigen Beziehung ist das allein Schlafen für die Regeneration des Projektors notwendig.

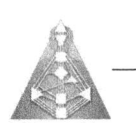

Unser Hochzeitsritual ist ein typisches Generatorenritual, es stellt die Frage „Willst du …?" Für den Projektor müsste es heißen „Darf ich dich in die Ehe einladen?"

Wenn ein Projektor nicht richtig in die Beziehung eingestiegen ist, wird es oft sehr schnell bitter für ihn. Manchmal dreht sich dann die Rolle in der Beziehung von Generator und Projektor um und der Projektor arbeitet, was aber nur funktioniert, solange der Generator anwesend ist.

Manchmal entsteht Abhängigkeit in einer Beziehung, der Projektor ist süchtig nach der Power des definierten Zentrums und kann auch aus schlechten Beziehungen nur sehr schwer aussteigen. Aussteigen funktioniert nur, wenn man ausgeladen ist oder eine andere Einladung erfolgt.

3.3 Die Lebensfrage

„Wer bist du?"

Projektoren interessieren sich für den anderen, sie sind neugierig darauf, wie andere tun, wie sie leben und wie sie im Leben stehen. Dem Projektor ist es wichtig, die anderen zu verstehen, dazu wird er Methoden und Techniken suchen, die ihm das möglich machen. Er wird lernen und studieren, um in der Interaktion mit anderen besser zu werden. Insgesamt ist es so, dass sie auch leichter etwas für sich lernen, wenn sie es im anderen erkennen.

Der Erfolg des Projektors hängt davon ab, ob er mit den richtigen Menschen zusammen ist. Die richtigen Menschen sind jene, die ihn dafür anerkennen, wer er ist, und ihn dafür einladen. Sie müssen akzeptieren, dass es Menschen gibt, die

Sie nicht anerkennen. Das ist in Ordnung, es sind dann die falschen Menschen für Sie. Gehen Sie Ihren Weg weiter, bis Sie auf die Menschen stoßen, die Ihnen die Anerkennung und die Einladung bringen, die für Sie richtig sind.

3.4 Die innere Autorität

Bei Projektoren gibt es sehr viele und sehr unterschiedliche Varianten der inneren Autorität. Dies wäre im Detail sehr vielschichtig, darum geben wir hier jeweils nur eine Kurzinformation dazu.

3.4.1 Autorität im Emotional- oder Solarplexus-Zentrum

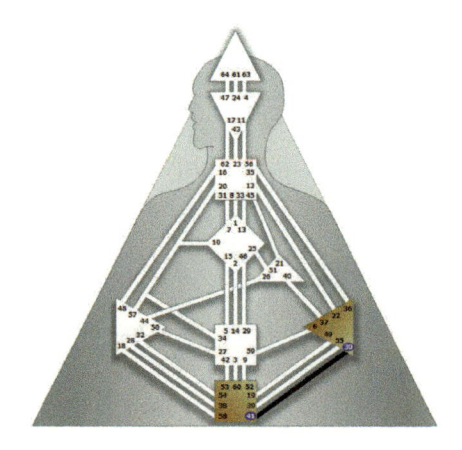

Die Einladung annehmen, wenn emotionale Klarheit sich über die Zeit einstellt!

Wenn das Emotional-Zentrum beim Projektor definiert ist, bewirkt das etwas völlig anderes als beim Generator. Die Welle abzuwarten und mehrmals, höflich und formell eingeladen zu werden, braucht Zeit. Vor allem wenn man auf die Einladung schon lange wartet, entsteht manchmal die Situation, dass man gerne gleich a sagen würde.

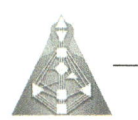

Aber genau da liegt die Krux in der Geschichte. Das Warten, bis die Welle durch ist und die Einladung noch einmal ausgesprochen wird, bringt den richtigen Einstieg in was auch immer. Eine Einladung kann, wenn man gerade am Höhepunkt der Welle ist, wirklich großartig klingen. Diese Einladung aus dem Tief der Welle betrachtet, könnte eine unglaublich belastende Verpflichtung sein. Deshalb ist es wichtig, sich nicht spontan und sofort zu entscheiden, sondern mindestens eine Nacht darüber zu schlafen. Idealerweise ist es so, das Sie das Hoch und das Tief der emotionalen Welle abwarten, bis Sie nicht mehr nervös sind.

3.4.2 Autorität aus der Milz

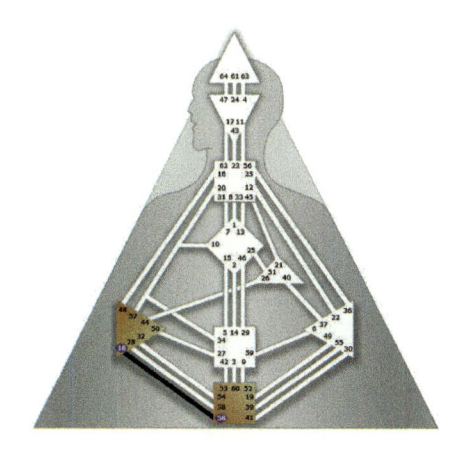

Die Einladung spontan im Hier und Jetzt annehmen!

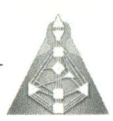

Aus der Milz zu entscheiden heißt, auf sein Ganzkörpergefühl zu achten. Diese Impulse sind kurz, klar und eindeutig und melden sich nur ein Mal. Ganz oft werden sie als Instinkt und Intuition bezeichnet.

3.4.3 Autorität im Herz- oder Ego-Zentrum

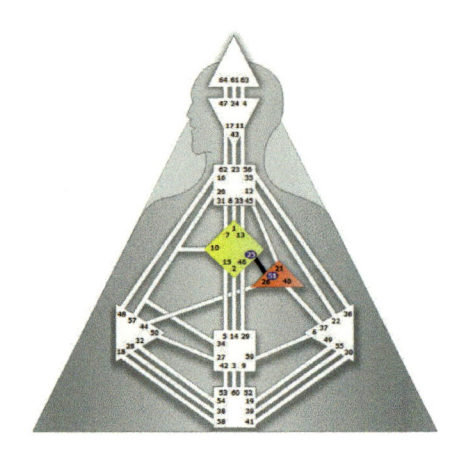

Die Einladung nimmt man an, weil man es will!

Sie treffen Ihre Entscheidungen aus Ihrem Willen. Sie spüren das als „Ich will jetzt die Einladung annehmen", da das Herz ein Motor ist und diese Energie anspringt. Wenn die Autorität im Herzen ist, ist festgelegt, dass dies der einzige Motor ist, dadurch ist es für den Menschen so deutlich spürbar.

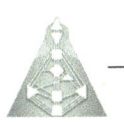

3.4.4 Autorität im G-Zentrum

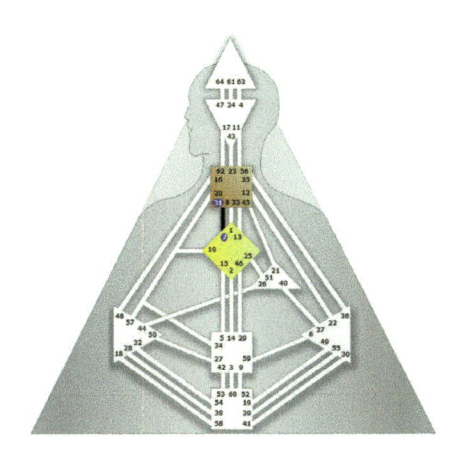

Über Entscheidungen sprechen, erleben, wo es einen hinzieht.

Wenn Sie das G-Zentrum als innere Autorität haben, dann ist es wichtig, dass Sie über Ihre Entscheidungen sprechen. Wenn gerade niemand zur Verfügung ist, dann machen Sie einen Waldspaziergang und reden Sie mit sich selbst. Es geht wirklich darum, sich selbst zuzuhören und wahrzunehmen, wo es Sie hinzieht.

3.4.5 Mentaler Projektor

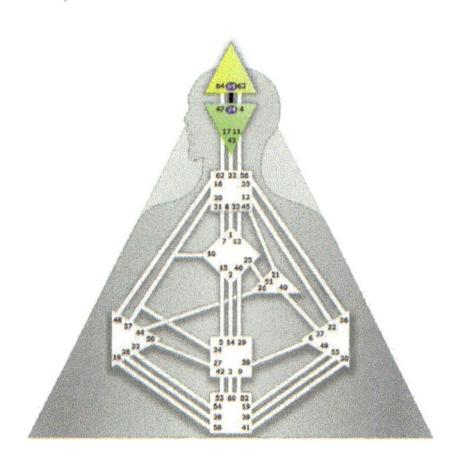

Mentale Projektoren brauchen die Interaktion zur Entscheidungsfindung!

Bei mentalen Projektoren sind zwei oder drei der Zentren der obersten drei Zentren also Kopf-Zentrum, Ajna und Kehl-Zentrum definiert. Mentalen Projektoren fällt es am schwersten, sich korrekt zu entscheiden, sie lesen die Energie der anderen durch die offenen Zentren. Sie verstehen am Beginn nicht, dass der Verstand nicht ihre innere Autorität ist. Um die richtige Entscheidung treffen zu können, brauchen sie andere Menschen. Der Austausch, der durch die Interaktion mit anderen erfolgt, macht die Entscheidung möglich.

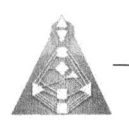

3.5 Die Umsetzung

Die Umsetzung beim Projektor ist das Managen, Lenken und Leiten. Das heißt warten, bis die Einladung kommt, und mit der inneren Autorität entscheiden! Diese Strategie gilt nur für große Entscheidungen im Leben.

EIN BEISPIEL:
- *Marko ist ein ca. fünfzigjähriger emotionaler Projektor, der in die Beratung kommt, weil seine Frau sich getrennt hat.*

Er ist auf der Suche nach einer neuen Beziehung. Da er eine sehr einträgliche Firma besitzt und finanziell unabhängig ist, kann er sich die Frauen wirklich aussuchen.
Er landet immer wieder im gleichen Muster. Er fühlt sich ausgenutzt und es ist einfach nicht die Richtige.

Als die Beraterin ihm erklärt, dass er bitte ab sofort das Einladen lassen soll und warten soll, bis es für ihn einladend ist, ist er völlig entsetzt. Seine Aussage dazu war: „So funktioniert die Welt nicht".

Als die Beraterin dann auch noch nachsetzt und sagt, „wenn die Traumprinzessin vor der Tür steht, dann bitte noch mal zurückschicken und auf eine zweite Einladung warten", ist für ihn zuerst einmal klar, dass die Beratung sinnlos war.

Da Projektoren aber immer neugierig sind, ob und wie etwas funktioniert, beschließt er, dies doch zu versuchen.

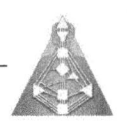

Nach drei Monaten meldet er sich telefonisch bei der Beraterin. Er habe das ausprobiert mit dem „Warten auf die Einladung", jetzt habe er so viele Einladungen, dass er nicht weiß, welche er annehmen soll. Im Scherz setzt er noch nach, dass er „nach dreißig Jahren Ehe mit dem Erfolg gerade gar nicht umgehen könne". Er bedankte sich noch einmal für die Beratung und die Veränderung, die sein Leben dadurch erfahren habe.

3.6 Aus der Beratung

EIN BEISPIEL:
- *Bernd ist ein fünfundvierzigjähriger Milz-Projektor.*

Er hat seine Frau Cornelia, eine Generatorin, in die Beziehung eingeladen. Das hat geheißen, er hat um sie geworben, sie immer wieder zu verschiedenen Terminen eingeladen und nach einiger Zeit hat sie sich auf die Beziehung eingelassen.

Schon nach drei Jahren ist Bernd klar, dass er mit ihr gar nicht glücklich ist. Für sie ist im Leben nur die Arbeit wichtig, dann kommt lange nichts, dann ihre Herkunftsfamilie und dann erst er. Da es für Projektoren extrem schwierig ist, aus Beziehungen, zu denen sie einmal Ja gesagt haben, auszusteigen, braucht Bernd weitere sieben Jahre, bis er sich trennen kann. Erst eine neue Frau macht es ihm möglich, den Absprung zu schaffen.

Leider hat er auch diese Frau in die Beziehung eingeladen. Massive finanzielle Verluste und totale Bitterkeit beherrschen ihr Leben. Zu dem Zeitpunkt, zu dem er in die Beratung kommt, ist ihm klar, dass auch die neue

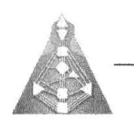

Beziehung genauso bitter ist wie die vorhergehende. Für eine Trennung fühlt er sich zu alt. In der Beratung wird klar, dass er, wenn er nichts ändert, sein Leben in Bitterkeit und Groll verbringen wird. Es wäre wichtig, einmal zu versuchen, sich zu einer Beziehung einladen zu lassen.

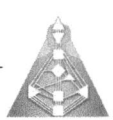

4. REFLEKTOR

Charakteristika	alle Zentren offen
Typ	Nicht-Energietyp
Strategie	den Mondzyklus abwarten
Lebenswiderstand	Enttäuschung
Fähigkeit	Spiegel der Umgebung
Lebensfrage	Was ist mein Milieu? Wer bin ich heute?
Ziel	Überraschung
Energie/Ausstrahlung	testend

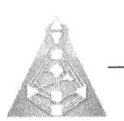

Eine kleine Gruppe der Menschen gehört zu den Reflektoren, das ist nur ein Prozent der Menschen und sie sind wirklich einzigartig. Im Chart ist es deutlich sichtbar, weil alle Zentren offen sind und keine Definition vorhanden ist. Der Reflektor hat einen lunaren Zyklus, um seine Entscheidungen zu treffen. Im Lauf des Mondzyklus, also innerhalb von 28 Tagen, werden alle ihre Potenziale durch den Mond aktiviert. Der Reflektor ist in seiner Entscheidungsfindung durch den Zyklus des Mondes bestimmt. Das gilt jedoch nur für große Entscheidungen. Wichtig für den Reflektor sind Interaktion und Austausch. Sprechen Sie über das Thema mit anderen, optimal mit verschiedenen Menschen, und entscheiden Sie nach 28 Tagen.

Nehmen wir an, Sie bekommen ein Angebot für eine Beziehung. Nutzen Sie die Zeit, um sich mit verschiedensten Menschen über die Vor- und Nachteile des Angebots auszutauschen. Schauen Sie genau, ob Sie sich dort, wo der Mensch lebt, wohlfühlen. Welche Freunde hat er, wie geht er mit anderen Menschen um? Denn als Reflektor sind Sie nicht nur mit dem Partner, sondern auch mit dem ganzen Milieu (Familie, Freunde) liiert und sie spiegeln dieses Umfeld. Nach 28 Tagen können Sie die Entscheidung treffen, ob Sie die Bindung eingehen oder nicht.

Wenn Sie als Reflektor Typ und Strategie leben, wird dadurch die Enttäuschung auf ein Minimum reduziert. Um ein tiefes Verständnis für sich und Ihre Entscheidungsstrategie zu bekommen, empfehlen wir einen Coachingprozess oder ein Basisseminar, und zwar deshalb, weil alle Zentren für Sie von großer Bedeutung sind, da jedes Zentrum von anderen Menschen beeinflusst werden kann.

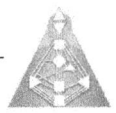

4.1 Die Fähigkeiten

Was zeichnet Sie als Reflektor aus? Als Reflektor sind Sie Spiegel und Projektionsfläche Ihres Milieus. Sie nehmen sehr gut wahr, wie es einer Gruppe von Menschen geht, egal, welchen Beruf Sie haben, das ist Ihre Gabe. Objektivität liegt Ihnen einfach im Blut. Sie verstärken das Gefühl der anderen Menschen durch Ihre offenen Zentren und es kann dadurch passieren, dass Sie starke Gefühle erleben und ausdrücken, die aber nicht Ihre eigenen sind. Reflektoren reagieren auf die Atmosphäre des Milieus, in dem sie sich befinden und können sehr genau sagen, wer in einer Gruppe aus der Reihe tanzt.

Sie können dies aufzeigen und diese Menschen dabei unterstützen, ihre Einzigartigkeit zu leben. Das ist die Überraschung, die ein Reflektor braucht, um ein erfülltes Leben zu haben. Reflektoren sind anpassungsfähig an ihre Umwelt, denn sie werden von ihr stark beeinflusst, wenn sie nicht erkennen, was sie sind. Für Sie ist es daher extrem wichtig zu wissen, dass Sie der Spiegel des Milieus sind, in dem Sie sich befinden, und dass dies Ihr Leben definiert. Sie müssen entscheiden, ob Ihnen diese Gruppe von Menschen gut tut.

Wenn Sie Ihr Design wirklich kennenlernen, sind Sie vor der Identifikation mit den anderen geschützt.

4.2 Die Beziehung

Der Reflektor macht etwas sichtbar, er spürt und spiegelt den anderen bzw. die Familie. Er macht das Unsichtbare sichtbar, indem er als verstärkender Spiegel fungiert. Alle positiven und negativen Zustände werden durch ihn sichtbar gemacht.

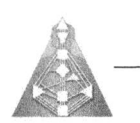

Er darf sich nicht damit identifizieren, egal, wie gut oder wie schlecht sich das Thema anfühlt. Es muss ihm deutlich werden, dass er in der Beziehung das spiegelt, was vom Partner kommt. Unpersönlichkeit ist für die Reflektoren eine heilsame Lösung der eigenen Situation.

Zu lernen, dass das, was der Reflektor wahrnimmt, nicht die eigenen Themen sind. Das Leben in größeren Gruppen ist für den Reflektor eine sehr gute Möglichkeit, weil er hier mehr Überraschungen erleben kann. Lassen Sie sich bei Ihren Entscheidungen Zeit, auch wenn die Menschen oft ungeduldig sind und von Ihnen eine frühere Entscheidung möchten. Diesen Respekt braucht der Reflektor von den Menschen, um im richtigen Umfeld zu landen.

4.3 Die Lebensfrage

„Was ist mein Milieu?"
„Wer bin ich heute?"

Wir unterscheiden hier das menschliche Milieu und das Transitmilieu. Das wichtigere Milieu ist das Transitmilieu. Das führt dann zur nächsten Frage: „Wer bin ich heute?" Die Antwort kann jeden Tag anders ausfallen, da sich die Transite täglich ändern, z. B. der Mond, der bis zu drei Mal am Tag das Tor ändert.

Reflektoren haben weder großes Interesse an sich wie die Generatoren, noch an anderen wie die Projektoren, noch geht es ihnen darum, Einfluss zu haben wie die Manifestoren. Für Reflektoren stellt sich immer die Frage „Wer bin ich jetzt?", denn jeder Tag und jeder Ort und jede Begegnung ist für sie anders. Mit ihrer testenden Aura sind sie auch nicht so verletzlich wie die anderen Typen, manche würden sie als Teflon-Aura (etwas, an dem nichts hängen bleibt, alles einfach abperlt) bezeichnen. In Krisensituationen, die von außen kommen, kann ein Reflektor auch entsprechend emotional und laut werden, aber wenn er aus dem Feld draußen ist, schüttelt er sich ab wie ein Hund das Wasser und kann unverletzt weitergehen.

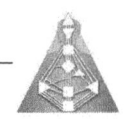

4.4 Die innere Autorität

Der Reflektor hat keine innere Autorität.
Der Austausch, der durch die Interaktion mit anderen erfolgt, macht Entscheidungen über einen 28-Tage-Zyklus möglich.
Um das genau analysieren zu können, empfehlen wir Ihnen ein Coaching durch eine sehr erfahrene Human Design Lehrerin.

4.5 Die Umsetzung

Bleiben Sie offen, lassen Sie sich überraschen von dem, was im Leben auf Sie zukommt, das macht Sie aus. Für einen Reflektor ist die Welt oft enttäuschend, weil er sich mit dem zu Spiegelnden identifiziert und daraus Entscheidungen trifft. Das kann zu einem Gefühl der Verwirrung und des Verloren-Seins führen. Seine Stärke ist das „Lesen" der anderen, daher sollte er immer am Rande einer Gemeinschaft stehen. Diese Position macht es möglich, „neutral" zu beobachten und daraus zu lernen, wie wichtig Vielfalt ist.
Sie brauchen viel Zeit für sich allein, um sich der dauernden Beeinflussung durch andere zu entziehen. Achten Sie auf Ihre

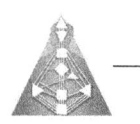

Unabhängigkeit. Die Hauptthemen sind bei Ihnen „Bin ich in der richtigen Gemeinschaft?" und „Ist das der richtige Ort für mich?". Erlauben Sie dem Leben, Ihnen zu zeigen, wo der richtige Ort bzw. die richtige Gemeinschaft für Sie ist. Sie sind wie ein Seismograf für das Wohlfühlen oder Unwohlfühlen Ihres Umfeldes. Gerade bei Kindern ist es so, dass sie ihr System spiegeln – dadurch, dass krank oder gesund sind, fröhlich oder traurig sind.

Sie brauchen an niemandem festzuhalten, genießen Sie es, wenn Ihnen jemand etwas Überraschendes zeigt. Lernen Sie Ihr Ich kennen, indem Sie erkennen, was mit Ihnen passiert, wenn der Mond seinen Weg durch den Zyklus geht. Stimmen Sie sich auf Ihre Umgebung ein, spiegeln Sie diese, aber lassen Sie sich nicht davon bestimmen.

4.6 Aus der Beratung

EIN BEISPIEL:
- *Leider haben wir so wenige Reflektoren in der Beratung, dass wir hier nur ein Beispiel bringen können.*

Heinz kommt in die Beratung, weil er das Gefühl hat, er schafft es nicht, treu zu sein. Immer wieder entstehen deshalb Krisen in der Ehe. Er ist fünfzehn Jahre verheiratet, seine Frau droht, wenn er noch einmal fremdgeht, lässt sie sich scheiden. Er findet, dass es wichtig ist, immer wieder zurückzukommen.

In der Beratung erzählt er, dass er sehr oft kurzfristige Affären lebt, die seine Frau aber meist nicht mitbekommt. Er hat das Gefühl, dass es so, wie es ist, für ihn gut ist. Er

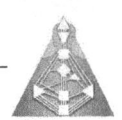

> will keine Scheidung und er weiß nicht, wie er das jetzt regelt.

In der Beratung wird klar, dass Reflektoren immer überrascht werden wollen. Die Frage ist: Welcher Partner kann dies auch bieten? Er kann in der Beziehung bleiben, wenn er das, was er spiegelt, auch mag. Seine Promiskuität entsteht aus dem Überrascht-werden-Wollen. Die Überraschung entsteht entweder in der Ehe oder er wird sie weiter im Außen suchen.

Das Wissen darum, dass es so ist, entspannt ihn und er nimmt die Dinge nicht so persönlich, sondern versteht das Spiegelgesetz. Es hilft ihm auch zu merken, dass der Mondrhythmus eine Regelmäßigkeit bringt und er ein Milieusensor ist.

BEZIEHUNGEN ZWISCHEN DEN VERSCHIEDENEN GRUNDTYPEN

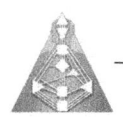

Beziehungen zwischen den verschiedenen Grundtypen

Wenn wir Beziehungen zwischen zwei Menschen aus der Human Design Sicht betrachten, dann wäre es sicher am einfachsten, wenn sich ein Grundtyp mit gleichem Typ verbindet.

Mit der gleichen Struktur kann man sich am ehesten in den anderen Menschen hineinversetzen. Die gleiche Grundenergie der Typen schafft ein gegenseitiges Verständnis und es gibt dadurch wenig Missverständnisse bzw. falsche Erwartungen an den anderen.

Das Erspüren und Nachfühlen des anderen ist leichter, wenn die Energie vertraut ist. Es besteht dann das gleiche Selbstverständnis im Leben. Wir haben die gleichen Aufgaben, die gleiche Modalität und stellen dadurch ähnliche Fragen. Es ist wie das Eigene, vertraut und klar.

Unterschiedliche Grundtypen können auch eine gute Beziehung führen. Sicher ist es hilfreich, in der Beziehung das Verständnis für dieses Anderssein zu haben, damit ein respektvolles und typgerechtes Miteinander möglich ist.

Verschiedene Grundtypen haben einen anderen Blick auf die Welt und auf Beziehung. Hier kommen sicher noch die individuelle genetische Ausprägung, die Erfahrung im Leben und die Beeinflussungen in der Kindheit zum Tragen.

So kann es sein, dass wir uns ein Gegenüber suchen, das ähnlich definiert ist wie einer unserer Elternteile, weil wir damit ja jahrelange und prägende Erfahrung haben. Wenn zwei Menschen einander begegnen, dann schließen sich zwei

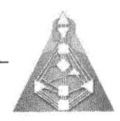

Systeme zusammen. In angenehmer Form heißt es, es knistert und bringt Energie, auf der anderen Seite kann es sein, es ist unangenehm und es ist Ablehnung da.

1. GENERATOR UND GENERATOR

Wichtigster Teil in der Beziehung ist, dass die Generatoren lernen, sich gegenseitig zu fragen. Dazu ist es auch notwendig, die Antwort des anderen zu akzeptieren und die innere Autorität des anderen zu respektieren. Wenn Generatoren ihrem Impuls folgen, dann werden sie in der Beziehung die Befriedigung finden, die sie sich wünschen.

Beide Generatoren haben durch das definierte Sakral-Zentrum Arbeitskraft für das Leben und die Beziehung, die aber nur durch die Fragen von außen zugänglich wird. Richtig einzusteigen in so eine Beziehung heißt in der Konsequenz, sich gegenseitig zu fragen, zu allem. In der ersten Begegnung setzt einer der Partner das erste Signal. Dieses kann durch Mimik oder Gestik erfolgen, aber auch durch eine echte Frage.

Generatoren, die ihre Bauchstimme kennen, erleben die Aktivierung in so einem Moment sehr deutlich. Das „mhm", das in dem Moment auftaucht, ist eine wirklich starke sakrale Reaktion. Dann sollte das gegenseitig Fragenstellen beginnen und das Warten auf die sakrale Reaktion des Gegenübers. Ist einer der beiden Generatoren oder sind sogar beide emotional definiert, ist es wichtig, die Welle abzuwarten und mehrmals zu fragen bzw. gefragt zu werden.

Dass man sein Leben weiterlebt und für ein Glas Wasser nicht „mindestens eine Nacht darüber schlafen" muss, sollte dabei klar sein. Bei emotionalen Menschen gibt es keine Wahrheit im Jetzt zu „Kaffee?", „Spaghetti?", „Wiener Schnitzel?", „Spaziergang?", „Sauna?".

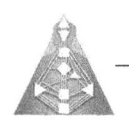

Kurze Zeit zu warten oder die Speisekarte ein zweites Mal zu lesen, bevor man bestellt, ist aber günstig. Alle Fragen, die es in der Beziehung braucht, werden gestellt und es wird auf die sakrale Antwort gewartet. Solche Fragen könnten sein: „Möchtest du mit mir eine Beziehung?"

Wenn das geklärt ist, sind die Fragen nie zu Ende. Egal, ob es die Frage ist „Kannst du dir vorstellen, heute mit mir Sex zu haben?", „Bist du bereit, ein Kind mit mir zu haben?", „Hast du Lust, mit mir ein Haus bauen?" oder „Magst du ein Butterbrot?" – alles braucht die sakrale Zustimmung, das „mhm" oder es steht keine Energie dafür zur Verfügung.

Wichtig ist dabei, auch die Fragen nicht mit „Willst du ..." zu beginnen. Auch wenn die Beziehung schon länger besteht, heißt das nicht, dass man auf die Fragen verzichten kann, die Generatoren brauchen die Fragen ein Leben lang, um ihr Sakral-Zentrum zu aktivieren.

Wie schon vorher erwähnt, ist das typische Hochzeitsritual ein Generatorenritual: „Möchtest du mein Mann/meine Frau werden?" Und er/sie antwortet mit „Ja". Für ein Generatorenpaar ist es wichtig, dass die Arbeit, die sie tun, für sie wirklich stimmt. Denn das hat extreme Auswirkungen auf die Beziehung, in der sie leben. Stimmt die Arbeit, dann stimmt die Beziehung. Trotzdem kann es eine schwierige Beziehung sein oder werden.

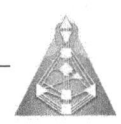

Richtig in die Beziehung zwischen Generatoren eingestiegen zu sein, bedeutet,
- → dass sich die Partner gegenseitig gefragt haben, vielleicht sogar mehrmals;
- → dass die Reaktion des Sakral-Zentrums beider abgewartet wurde;
- → dass beide darauf hören, ob das Sakral-Zentrum ein „mhm" hat und
- → dass nie dem Verstand die Autorität für die Entscheidung gegeben wird.

Das Ergebnis wird sein, dass sie nicht frustriert, sondern befriedigt im Leben stehen.

Wenn Generatoren-Paare in die Beratung kommen, weil sie ihre Beziehung wieder beleben wollen, wird oft schnell klar, dass es darum geht, sich gegenseitig zu fragen. Vor allem zu den lustvollen und genussvollen Dingen im Leben ist ein „Sich-gegenseitig-Fragen" meist dann seit Jahren kein Thema mehr. Vieles ist eingeschlafen und wird dann als frustrierend erlebt. Wenn sie das in der Beratung ausprobieren, können sie meist deutlich erleben, wann der andere wirklich ein „mhm" dazu hat. Oft gibt es am Ende von solchen Beratungen eine recht lustige Auseinandersetzung darüber, was man sich ab jetzt gegenseitig alles fragen wird.

2. MANIFESTOR UND MANIFESTOR

Wenn zwei Manifestoren miteinander eine Beziehung eingehen, so ist das meist ein gleichberechtigtes Nebeneinander, wobei es hier einfach wichtig ist, dass man sich gegenseitig darüber informiert, was man tut. Hier geht es darum, Statements abzugeben und nicht – wie bei den Generatoren – zu fragen. Ein Manifestor mit Milzdefinition wird in einer Manifestorenbeziehung mehr führen als ein emotionaler Manifestor, der die Zeit der Welle für Entscheidungen braucht.

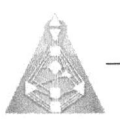

Manifestoren haben die Kraft, Dinge anzustoßen. Dies heißt aber auch, dass sie in der Begegnung aktiv werden müssen und initiieren. Ein Manifestor muss sein Gegenüber informieren. Das heißt, er oder sie kann nicht warten, bis er gefragt oder eingeladen wird in die Beziehung, das wäre ein kolossaler Fehler. Der Manifestor muss aktiv werden und auf den anderen zugehen. Er muss klar sagen „Ich wünsche mir eine Beziehung mit dir" oder „Ich hätte gerne Sex mit dir".

Dies heißt zusätzlich noch, sich damit in die Gefahr der Zurückweisung durch das Gegenüber zu begeben. Das ist dem Manifestor im Idealfall egal. Wenn er den anderen nicht über das informiert, was er möchte, und erwartet, dass der andere initiativ ist, steigt er falsch in die Beziehung ein und wird deshalb zornig werden. Zwei Manifestoren müssen sich gegenseitig informieren, nur so kann eine Beziehung zwischen den beiden friedlich ablaufen. Da der Manifestor nichts mehr will als seinen Frieden, wird er, wenn er den haben möchte, informieren müssen.

Vor allem die Frauen haben in unserer Welt nicht gelernt, zu informieren und aktiv auf einen Mann zuzugehen. Es braucht Mut, das zu probieren, aber es ist wichtig, denn es führt in der Beziehung zum Erfolg. Gerade Frauen haben oft Angst vor der Zurückweisung, und das bewirkt, dass sie einfach gar nicht informieren. Frauen brauchen länger, bis sie das tun und bis es ihnen egal ist, ob sie einen Korb bekommen. Wenn sie eine

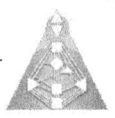

Ablehnung bekommen, trifft es sie dann nicht wirklich persönlich.

Einem Manifestor geht es immer darum, Einfluss zu gewinnen. Die Art und Weise der Lebensführung ist auf „Wirksam-Sein" aufgebaut. Zwei Manifestoren werden wahrscheinlich versuchen, miteinander etwas anzustoßen, das ein erfolgreicher Selbstläufer wird, von dem sie entspannt leben können.

Wenn zwei Manifestoren in einer Beziehung lernen, sich zu informieren, werden sie eine entspannte, friedvolle Beziehung leben – vor allem eine Beziehung, in der sie genügend Freiraum haben.

3. PROJEKTOR UND PROJEKTOR

Ein Projektor muss in eine Beziehung eingeladen werden. Sind beide Projektoren, dann müssen sie sich gegenseitig einladen. In der Beziehung mit einem Projektor ist es wichtig, ihn für das anzuerkennen, was er ist. Ist einer der beiden ein emotionaler Projektor, muss dieser mehrmals und förmlich in die Beziehung eingeladen werden. Dazu muss beiden klar sein, dass sie nicht für die Arbeit da sind, sondern dafür, Lifestyle in das Leben der anderen Menschen, vor allem der Generatoren zu bringen. Sie sollen andere managen und nicht selbst arbeiten.

Wenn sich zwei Projektoren kennenlernen, dann ist es wichtig, dass sie sich eingeladen fühlen. Sich dem anderen vorsichtig, höflich, wohlwollend und anerkennend zu nähern ist der erste Schritt. Hier geht es nicht darum, wer beim ersten Date das Essen zahlt, sondern darum, dass beide es als einladend erleben.

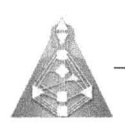

Projektoren brauchen Anerkennung und Erfolg. Wenn sie vom Partner die Anerkennung für das bekommen, was sie wirklich sind, dann es die richtige Beziehung. Einem Projektorenpaar geht es darum, den Partner in der Beziehung zu erkennen, sich auch gegenseitig zu fragen „Wer bist du?".

Das führt zum Erfolg. Sie lieben den Blick vom Balkon. Sie sitzen dort, schauen den anderen zu und fragen alle, die sie sehen „Wer bist du?" Sie genießen ihr Leben und sind glücklich mit ihrer Aufgabe.

Die Gesellschaft verlangt aber etwas anderes, nämlich „etwas schaffen und viel arbeiten". Aber das können und sollen die beiden Projektoren nicht.

Mit dem offenen Sakral-Zentrum ist es wichtig, dass man keine riesigen Projekte anstößt, die man selbst arbeitend verwirklichen muss.

Bei Projektoren geht es nicht darum, Kinder zu bekommen, Häuser zu bauen oder den Garten anzulegen. Es geht darum, dies alles zu organisieren, aber nicht darum, es selbst zu tun. Ein Haus zu bauen ist für zwei Projektoren ein Managementprojekt. Kinder zu bekommen ist nur dann sinnvoll, wenn man ein gutes Netzwerk hat, bei dem genug Zeit für die eigene Entspannung bleibt.

Wenn sich ein Paar das Sakral-Zentrum gegenseitig schließt, steht ihnen die vermeintliche große Power zur Verfügung. Dann wird pausenlos gearbeitet und auf das Leben vergessen. Burnout-Gefährdung ist dann oft ein Teil des Lebens.

Es geht darum, über Arbeit zu lernen: Die Generatoren sollten arbeiten, die Projektoren managen. Projektoren sollten Zeit haben für das Lenken, das Leiten und den Lifestyle.

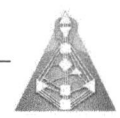

4. REFLEKTOR UND REFLEKTOR

Zwei Reflektoren spiegeln gemeinsam das Milieu und das Transitfeld. Für beide ist es hilfreich, dass sie wissen und erfahren haben, wann welche Eigenschaften bei ihnen durch den 28-Tage-Zyklus ausgelöst werden. Als Spiegel für das Milieu, in dem sie sich befinden, wird die Beziehung so sein wie das Umfeld, in dem sie unterwegs sind und leben. Günstig für zwei Reflektoren wäre das Leben in einem großen Umfeld.

Wenn zwei Reflektoren sich begegnen, müssen sie, um wirklich richtig in die Beziehung einzusteigen, den Mondzyklus abwarten.

Sie können die Zeit nutzen, sich mit allen anderen über ihre Idee, eine Beziehung einzugehen, auszutauschen, und nach 28 Tagen können sie es einfach entscheiden. Reflektoren haben oft einige Kinder, da sie diese unschuldige Aura lieben, die Kinder ausstrahlen.

Dass zwei Reflektoren miteinander eine Beziehung leben, ist so eine spezielle Situation, dass es selten vorkommt und wirklich eine persönliche Beratung benötigt.

5. GENERATOR UND MANIFESTOR

Der Manifestor will Frieden haben in der Beziehung, aber er will auch beeinflussen. Ist der Mann der Manifestor, ist es leichter, dass er die Beziehung leitet und führt, weil das unsere übliche Beziehungsstruktur ist. Der Generator wird immer wieder das Gefühl haben, mehr Arbeit zu leisten als der Manifestor, und das ist auch so. Wenn man korrekt eingestiegen ist, ist das selbstverständlich und o. k.

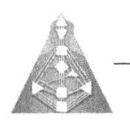

Eine etwas schwierigere Beziehung wird entstehen, wenn sich Generator und Manifestor begegnen. Schon die Ausstrahlung ist extrem unterschiedlich. Die Aura des Generators ist umhüllend, die des Manifestors geschlossen und abweisend. Damit ist es für den Generator immer wieder so, dass er das Gefühl hat, nicht wirklich nahe sein zu können. Es kommen auch sehr unterschiedliche Strukturen im Handeln zusammen. Der Manifestor muss vom Grundtyp her die anderen informieren über das, was er tun möchte. Er braucht es, Einfluss zu haben und zu sagen, wo es lang geht in der Beziehung. Der Generator braucht eine Frage, um eine Reaktion zu bekommen, und das heißt, für ihn ist informieren zu wenig, er gehört gefragt. Auch von den Zielen in der Beziehung sind die beiden sehr unterschiedlich. Der Generator will etwas schaffen, der Manifestor will initiieren und Einfluss gewinnen. Die spezifische Rolle des Manifestors ist ein Anstoßen und der Generator sollte dies, wenn er Energie dazu hat, ausführen, denn das gibt dem Generator die Befriedigung, die er braucht.

Wenn der Manifestor in einer Situation nur informiert, ist das für den Generator zu wenig. Das Gefühl, zu Hause zu sein, wird beim Generator erst durch das Gefragt-Werden ausgelöst. Ein Beispiel für eine korrekte Aussage eines Manifestors wäre: „Ich will zum Heurigen fahren, hast du Lust mitzukommen?". Jetzt hat der Generator die Möglichkeit, auf seinen sakralen Respons zu hören. Der Manifestor wird auf jeden Fall zum Heurigen fahren, egal, ob der Generator ein „mhm" hat oder nicht. Umgekehrt ist es so, dass der Generator, der normalerweise eher fragt, beim Manifestor nur ein Statement abzugeben braucht. „In drei Wochen fange ich in der neuen Firma an".

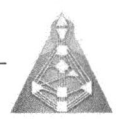

6. GENERATOR UND PROJEKTOR

Im Grunde sind Generator und Projektor ein kongeniales Paar, aber bevorzugt in Businessbeziehungen, in einer Paarbeziehung ist das oft schwieriger. Der Generator muss den Projektor in die Beziehung einladen. Der Projektor muss den Generator fragen, ob er die Beziehung mit ihm möchte. Der Projektor braucht das „mhm" des Generators, um die Energie des Generators zur Verfügung zu haben und ihn leiten zu können.

Das Miteinander dieser beiden Typen funktioniert sehr gut, wenn die Rollen verteilt sind. Wenn es eine Hierarchie gibt, wo der Projektor die Leitung hat, als Elternteil mit den Kindern oder in der Arbeit, kann es wunderbar funktionieren.

Es ist eine der herausforderndsten Partnerschaften, wenn es um gleichwertige Liebesbeziehungen geht. Da gibt es viele Missverständnisse, eines davon ist das richtige Fragen. Wenn vom Generator auf eine Frage ein Nein kommt, dann steht dem Projektor keine Energie zum Leiten zur Verfügung. Da man als Projektor das Nein nicht haben will, fragt man lieber gleich gar nicht. Das macht die Beziehung unrund, weil der Generator die Fragen braucht, um Power für die Projekte zu haben. Der Projektor sollte seinem Typ entsprechend Lifestyle leben, den Generator optimieren und energieeffizienter machen.

Der Unterschied, der sich zwischen den beiden auftut, ist riesig. Das Energiefeld ist völlig anders. Der Projektor fokussiert mit seiner Energie direkt auf den Kern des Gegenübers und fragt: „Wer bist du?". Der Generator hat eine umhüllende Aura und fragt: „Wer bin ich?"

Generatoren brauchen die Leitung, wollen sie aber oft nicht haben, weil die Projektoren das Management in die Hand nehmen, ohne zu fragen. Deshalb wollen die Generatoren es lieber selbst managen und verlieren dabei ihre Energie. Die Rollenteilung wäre gesund, ist aber manchmal aufgrund der eigenen Geschichte und Erfahrung nicht akzeptiert, vor allem wenn die Frau der Projektor ist.

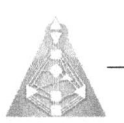

Projektoren werden von Generatoren in der Beziehung manchmal als unverschämt erlebt. Sie nehmen sich den Raum, den sie brauchen, leben den Lifestyle, den sie haben wollen, und behaupten, dass sie die Generatoren ständig anleiten müssen, sonst würde gar nichts passieren. In der Liebesbeziehung, in der es gleichwertige Partner geben sollte, wird es schwierig.

Der Projektor sollte den Generator bei allem, was passieren soll, fragen. Viele Projektoren erleben dies sehr schnell als mühsam und wollen nicht zum siebzigsten Mal fragen: „Kannst du bitte die schmutzigen Schuhe im Gang ausziehen?" Der Generator möchte reagieren, braucht aber die Fragen immer wieder, jedes Mal aufs Neue. Respektvoll miteinander und den Strukturen des anderen umzugehen wäre hilfreich. Projektoren hätten gerne immer die Energie des Generators zur Verfügung, aber sie fragen nicht richtig. Die Angst des Projektors ist, dass er nicht die Energie zum Leiten bekommt. Unterschiedliche Projektoren reagieren da sicher unterschiedlich in Beziehungen.

Manchmal gibt es bei solchen Paaren eine Rollenumkehr, das heißt, dass die Projektoren fast durcharbeiten und die Generatoren das Management und die Verwaltung übernehmen. Da kann es sein, dass der Projektor mehrere Häuser baut und die Generatorin alles delegiert und die Verwaltung übernimmt. Um solche Beziehungen zu verändern, braucht es eine Rollenklärung. Die Arbeit und das Management sollten von der richtigen Rolle/vom richtigen Grundtyp übernommen werden, damit es wirklich gut funktioniert.

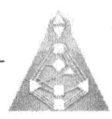

7. GENERATOR UND REFLEKTOR

Der Reflektor muss den Generator fragen, ob er Interesse an einer Beziehung hat. Der Generator muss dem Reflektor die 28 Tage Zeit lassen, bis dieser die Entscheidung treffen kann. Im Endeffekt sieht sich der Generator selbst im Spiegel des Reflektors.

Wenn der Generator sehr auf Arbeit aus ist, gehen die Reflektoren oft aus den Beziehungen heraus, weil sie auf der Suche nach Überraschung sind. Das sind oft kinderreiche Beziehungen, der Reflektor liebt diese unschuldige Energie der Kinder, wenn es die eigenen sind, ist das ideal. Das Kümmern bleibt dann beim Generator. Dies bewirkt auch ein Ungleichgewicht in der Beziehung.

8. MANIFESTOR UND PROJEKTOR

Manifestoren sollen initiieren und mehr nicht. Das bringt mit sich, dass er informieren muss: „Ich hätte gerne eine Beziehung mit dir, du bist für mich die intelligente Frau, die ich mir an meiner Seite wünsche, deshalb bist du für mich die ideale Partnerin." Der Projektor muss ein klares Signal geben, ob er sich durch den Manifestor eingeladen fühlt oder nicht. Schwieriger wird das, wenn die Frau der Manifestor ist.

Beide sind keine Schaffenstypen, nur wenn sie sich gemeinsam das Sakral-Zentrum definieren, geht es darum, etwas gemeinsam zu schaffen. Das sollte jedoch nicht übertrieben werden.
Der Manifestor will initiieren und der Projektor will mana-

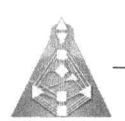

gen, lenken und leiten. Für den Lifestyle sind jedoch finanzielle Ressourcen notwendig. Beim Einstieg kann der Manifestor informieren und sollte lernen, den Projektor einzuladen, und den roten Teppich ausrollen.

Der Projektor muss warten, bis die höfliche Einladung kommt, und kann dann die Energie des Manifestors managen, lenken und leiten. Das gilt nur, wenn etwas gestartet wird, es ist die initiierende Energie, die dann geleitet wird. Für den Manifestor ist es eine Herausforderung, das anzunehmen.

9. MANIFESTOR UND REFLEKTOR

Der Reflektor spiegelt den Manifestor. Der Manifestor informiert den Reflektor und gibt ihm die 28 Tage Zeit festzustellen, ob es passt oder nicht.

Das kann im Grunde sehr gut funktionieren, denn schon in der Aura sind sie einander ähnlich. Beide haben eine engere Beziehung zu den Transiten als zu den Menschen selbst.

Der Manifestor muss eine Mondphase warten, bis er eine Antwort bekommt, auch wenn es um wichtige Entscheidungen in der Beziehung geht.

Durch die Berechenbarkeit des Reflektors, der einen klaren Zyklus hat, kann das für den Manifestor interessant sein. Das Umfeld versteht diese Beziehungen meist nicht, von außen wirken sie distanziert.

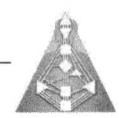

10. PROJEKTOR UND REFLEKTOR

Der Projektor muss eingeladen werden und sich eingeladen fühlen für das, was er ist, der Reflektor muss 28 Tage warten, bis er die Entscheidung treffen kann.

Als Lifestyle-Beziehung lieben beide alles, was nicht Arbeit ist. Für den Projektor ist die Beziehung nicht so einfach. Dadurch, dass er auf das Du ausgerichtet ist, hat er einen völlig anderen Fokus als der Reflektor.

Der Reflektor ist auf das Milieu ausgerichtet und auf Überraschung aus. Ein Reflektor braucht mehr Menschen und diese eine Partnerschaft ist oft zu wenig.

DIE PROFILE UND IHRE BEZIEHUNGEN

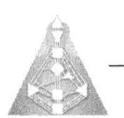

Die Profile und ihre Beziehungen

Im Human Design gibt es zwölf unterschiedliche Archetypen (Profile), die Auskunft über die Sinn- und Zweckerfüllung geben bzw. als Wegweiser im Leben dienen. Auf dem Free Chart finden Sie rechts unter „Properities" das eigenes Profil.

In der Human Design Beratung ist deutlich, dass diese Profile einen hohen Wiedererkennungswert haben. Je mehr man Typ, Strategie und Autorität lebt, desto deutlicher wird das Profil. Man kommt damit durch das Profil dem Sinn und der Zweckerfüllung im Leben immer näher.

Das Profil ist wie ein Kostüm im Leben, anfangs meist nicht passend, aber im Laufe des Lebens und durch die richtigen Entscheidungen wird es wie eine zweite Haut.

Die Profile sind in der Beziehung ein wichtiges Element, weil es dabei auch um die Bindungsstrategie geht. Es macht einen Unterschied, ob ich das Element der Schüchternheit habe oder ob es das Thema in der Beziehung ist „vertrauensvoll zu sein".

Die Profile werden folgendermaßen gelesen: Profil Eins Drei; Profil Eins Vier; bis Profil Sechs Drei.

Die erste Zahl benennt den bewussten Teil des Profils, das hängt in hohem Maße mit dem Selbstbild zusammen. Wir identifizieren uns mit dem Thema der bewussten Seite und damit dem ersten Teil des Profils.

Die zweite Zahl benennt den unbewussten Teil, das ist der Teil, den die anderen Menschen eher an uns bemerken als wir selbst. Diesen zweiten Teil registrieren wir oft erst im Nachhinein, also in dem Moment, in dem die Situation bereits vorbei ist. Über die Lebenszeit wird uns auch diese Seite des Profils immer vertrauter.

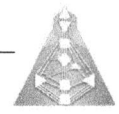

Die Profile im Überblick

Profil	Bewusste Seite (links) Selbstbild	Unbewusste Seite (rechts) Fremdbild
Eins	Erforscher	Verfolger oder Verfolgter
Zwei	Einsiedler	Schüchtern oder forsch
Drei	Märtyrer	Bindung eingehen und brechen
Vier	Opportunist	Vertrauensvoll sein oder nicht
Fünf	Ketzer	Verführer oder Verführter
Sechs	Rollenvorbild	Seelengefährte oder nicht

Selbstbild: Der Begriff des Selbstbildes im Human Design zeigt den Teil der Persönlichkeit, mit dem man sich von Kind auf identifiziert; diesen Teil kennt man auch sehr gut an sich selbst.

Fremdbild: Dies bezeichnet den Teil in uns, der als Feedback von außen kommt. Über die Zeit des Lebens und als Folge der Entwicklung nehmen wir es immer mehr an uns wahr, aber es ist etwas, das uns immer passiert und nicht wirklich steuerbar ist.

Die Profile werden unabhängig von den Grundtypen betrachtet, weil jedes der Profile bei allen Grundtypen vorkommt.

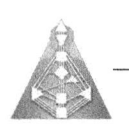

Die Kombination von Typ und Profil, die Sie durch dieses Buch selbst erkennen können, zeigt eine genaue Beschreibung der jeweiligen Sinn- und Zweckerfüllung des individuellen Menschen.

Ob wir den anderen Menschen zu unserer Sinn- und Zweckerfüllung im Leben brauchen oder eine eher unabhängige Ausrichtung haben, entscheidet das Profil.

Persönliche Profile

Treffen für sich selbst Entscheidungen, ohne den anderen in den Prozess mit einzubeziehen, brauchen theoretisch keine anderen Menschen für die eigene Sinn- und Zweckerfüllung. Sind mehr auf sich selbst bezogen und haben wenig Ausrichtung auf den anderen.

Eins/Drei
Eins/Vier
Zwei/Vier
Zwei/Fünf
Drei/Fünf
Drei/Sechs
Vier/Sechs

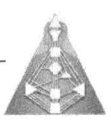

Fixiertes Schicksal

Menschen, die einen sehr festgelegten eigenen Lebensweg haben und sich von niemandem von diesem Weg abbringen lassen.

Vier/Eins

Transpersonale Profile

Für einen Entscheidungsprozess wird das „Du" mit einbezogen. Sie brauchen für ihre Sinn- und Zweckerfüllung den anderen.

Fünf/Eins
Fünf/Zwei
Sechs/Zwei
Sechs/Drei

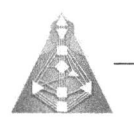

1. PROFIL EINS/DREI (1/3) – DER ANARCHISTISCHE ERFORSCHER

Menschen, die aus Versuch und Irrtum lernen und dadurch Sicherheit im Leben bekommen. Forschen und Studieren liegt ihnen im Blut.

Das persönliche Profil Eins/Drei ist sehr selbstbezogen. Das sind Forscher, die nur auf das eigene Projekt fokussiert sind und dieses genau kennen. Sie sind auf der Suche nach den Grundlagen, der Basis und den Details im Leben.

Sie brauchen in allem, was ihnen wichtig ist, ein solides Wissen und ein festes Fundament. Dadurch bekommen sie Sicherheit. Das Anarchistische in diesem Profil ist, zu erkennen, was nicht funktioniert, und das zu demontieren. Was der Eins/Drei ständig passiert, ist, „Fehler zu machen", das kann sie selbst irritieren.

Diese Menschen haben vielleicht das Gefühl, „so etwas passiert immer nur mir". Und oft wissen sie überhaupt nicht, wie es dazu gekommen ist. Sie zerlegen das Fahrrad der Freundin und beim Zusammenbauen bleibt eine Schraube übrig und sie haben keine Ahnung, wo diese hingehören würde.

Für die Eins/Drei wäre es als Kind wichtig gewesen, dass sie die Möglichkeit bekommen hätten, alles allein zu erforschen, damit sie sich gut auskennen. Die Frage nach dem „Warum" war immer von höchster Priorität. Menschen mit dem Profil Eins/Drei müssen die Dinge so lange durch Versuch und Irrtum erforschen, bis sie diesen wirklich auf den Grund gegangen sind.

Dieses Lernen durch Literatur und Anschauungsmaterial ist wichtig, es schafft den Boden, der ihnen Sicherheit und Kompetenz gibt. Durch ihre Art zu lernen haben sie später ein qualitätsvolles Wissen, das auch wirklich gefragt ist. Etwas nicht zu wissen, ist für die Eins/Drei schlimmer als die fürchterlichste Wahrheit.

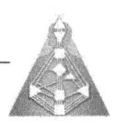

Als Eins/Drei haben Sie eine autoritäre Ausstrahlung, die entweder dadurch kommt, dass Sie genau wissen, wovon Sie reden, oder davon, dass Sie unsicher sind und es nicht zeigen wollen. In Ihrem „Fehler-Erkennen" sind Sie ein Anarchist. Sobald die Basis als falsch erkannt ist, sind Sie bereit, alles zu verwerfen und Platz für eine neue Basis zu schaffen. Das unaufhörliche Ausprobieren und wieder Verwerfen ist etwas, das Sie gerne vermeiden würden. Sie hätten lieber keine Irrtümer im Leben und würden gerne weniger Fehler machen. Aber für Sie ist es essenziell, so, d. h. „mit Versuch und Irrtum", die Dinge zu lernen. Machen Sie sich keine Vorwürfe, wenn ein Fehler passiert, fragen Sie nur: Was habe ich dabei gelernt? Denn das ist das einzig Wichtige.

Als Mensch mit diesem Profil sind Sie manchmal pessimistisch, weil Sie sich erinnern, was alles schief gelaufen ist, und das in die Zukunft projizieren. Das heißt, wenn Sie ein neues Projekt starten, sind Sie grundsätzlich skeptisch.

Nehmen Sie sich auch die nötige Zeit dafür, denn sich Wissen anzueignen und dadurch Sicherheit zu erlangen, ist eines Ihrer wichtigsten Themen. Mit diesem Wissen können Sie im Leben zur Autorität für andere Menschen werden.

Beziehung und Sexualität

Beim Profil Eins/Drei ist es wichtig, den möglichen Partner sehr genau kennenzulernen. In diesem Profil agiert das uralte Prinzip des Jägers, der Beute macht und diese mit nach Hause bringt. Langes Beobachten und genaues Ergründen des Gegenübers ist das Kriterium, um dann schnell zuzuschlagen. Mit diesem Profil sind Sie entweder der Verfolger, der den anderen genau betrachtet, oder Sie sind der Verfolgte, der sich genau beobachten lässt, bis Sie „Ja zu einer Beziehung" sagen können. Sie machen dann sehr bestimmt deutlich, dass Sie die Beziehung, für die Sie sich entschieden haben, auch wirklich wollen.

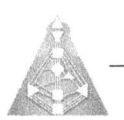

In einer Partnerschaft ist es für Sie sehr wichtig, dass Sie ein „Hin-und-Weggehen" haben können. Wir nennen es „Bindungen eingehen und Bindungen brechen". Dies kann man sehr unterschiedlich leben. Manche Menschen leben dies so, dass sie ständig „neue Beziehungen eingehen und sich schnell wieder trennen". Andere können dies in einer Beziehung auch gut leben, wenn sie z. B. „in einem eigenen Schlafzimmer schlafen", „regelmäßig allein verreisen" oder „ein eigenes Hobby vorhanden ist". Für die Eins/Drei ist es wichtig, immer wieder eine Möglichkeit zu finden, um aus der Beziehung hinauszugehen und wieder zurückzukommen.

Jugendliche mit diesem Profil wissen alles über Sex, bevor sie das erste Mal Sex haben. Das ist auch gut so, denn es gibt ein Gefühl der Sicherheit. Egal, ob es Bücher oder Filme sind, gehen Sie mit dem Thema Sexualität genau so um wie bei allem anderen, das Sie interessiert. Vor der Erfahrung alles genau zu wissen, ist hier sinnvoll und macht sicher. Gehen Sie den Dingen auf den Grund und Sie werden sich befähigt fühlen.

Auch wenn alle Informationen zum Thema Sexualität studiert wurden, werden in der Praxis Fehler auftauchen. Denn um wirklich erfahren zu werden, ist Ausprobieren und Fehler-Machen für dieses Profil ein wichtiger Teil des Prozesses.

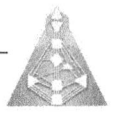

Partnerschaft mit einer Eins/Drei:

Schon beim Start der Beziehung sollte man Verständnis haben, dass diese Menschen mehr Zeit brauchen, um sich auf jemanden einzulassen.

Durch das Hinterfragen aller Themen und die vielen Zweifel, die vorhanden sind, wirkt das manchmal argwöhnisch. Das ist es aber nicht, sondern diese Menschen brauchen das langsame Einlassen bis auf alle Details.

Nur wenn Versuch und Irrtum möglich sind, kann es zu einer authentischen Partnerschaft kommen. Wenn man mit diesem Typen eine Beziehung eingeht, dann wird man bemerken, dass der Partner immer wieder Fehler macht. Diese Fehler sollten in der Beziehung nicht zum Drama werden. Auch hier geht es darum, aus Erfahrung zu lernen, eine Erkenntnis zu gewinnen und weiterzugehen.

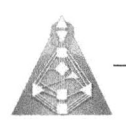

2. PROFIL EINS/VIER (1/4) – DER OPPORTUNISTISCHE ERFORSCHER

Menschen, die Freunde brauchen, um zur Sicherheit zu kommen. Forschen und Studieren liegt ihnen im Blut.

Das persönliche Profil Eins/Vier ist selbstbezogen. Das sind Forscher, die das von ihnen Erforschte gerne in das Netzwerk einbringen und dadurch Einfluss gewinnen wollen. Sie sind diese Erforscher, die opportunistischen Netzwerker, die Freundschaften pflegen, um auf die passende Gelegenheit zu warten. Freundschaft ist in jeder Beziehung ein wichtiges Element und Vertrautheit eine notwendige Grundlage.

Sie brauchen ein Fundament, auf dem sie ihr Leben aufbauen können. Sie lernen, recherchieren und ergründen das Leben, um diese Information danach in ihren Freundeskreis einzubringen. Wenn man von Kind auf gelernt hat, mit Ressourcen (Geld, Energie, Zeit) gut umzugehen, ist man ein guter Selbstversorger. Dadurch sind sie unabhängig von anderen Menschen. Durch Studium und Lernen finden sie zu ihrer persönlichen Stärke, wobei sie nie alles lernen können. Jede neue Rolle in ihrem Leben, wie z. B. Elternschaft, lässt sie wieder anfangen, neu zu studieren, aber es bleibt immer in allem eine Restunsicherheit im Leben.

Für Sie ist es unentbehrlich, Freunde zu haben, hier geht es nicht um die Quantität, sondern um die Qualität dieser Freundschaften. Am liebsten wäre es Ihnen, eine besondere Freundschaft zu haben. Einen Mensch, der alles teilt, dem man alles erzählen kann und von dem man alles erzählt bekommt. Sie wollen den anderen vermitteln, was Sie erforscht und auf eine solide Basis gestellt haben. Sie sind dazu da, diese Themen in die Welt zu tragen. Das Warten, bis der richtige Zeitpunkt dafür da ist, ist dabei wesentlich. Vertrauen in die Freunde zu haben, ist für Sie fundamental, denn es ist der Boden, auf dem die Vier steht. Der Opportunismus, also das Abwarten einer günstigen Gelegenheit, um dann erst das Erforschte zu verbreiten, bringt den Erfolg im Netzwerk. Üblicherweise wird der Begriff des Opportunisten als „Nutzen der Gelegenheit, ohne Rücksicht auf Konsequenzen" gesehen. Aber oft ist es so, dass eine Vier sich eher zurückzieht, als die eigenen Prinzipien in Gefahr zu bringen. Wenn dieser Mensch nicht realisiert, dass die Information, die er ins Netzwerk gibt, keine Resonanz hat, dann ist es eine Fehlinvestition. Zu dem Zeitpunkt ist es wichtig, aus dem Netzwerk auszusteigen, sonst landet er im Burnout.

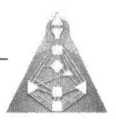

Wenn Sie viel Zeit investieren und die Freundschaften ständig pflegen, kann Sie das sehr ermüden. Dann ziehen Sie sich zurück und wollen allein sein, um sich zu erholen.

Sie studieren etwas, um es zu festigen, hinterfragen es aber nicht. Das, was Sie studiert haben, tragen Sie dann ‚eins zu eins' ins Netzwerk und hoffen, dadurch einflussreich zu sein. Achten Sie genau darauf, von wem Sie die Informationen bekommen, auf deren Basis Sie Ihre Recherche machen. Denn diese Basis kann falsch sein. Wenn Sie das dann in das Netzwerk einbringen, verlieren Sie ihren Einfluss.

Sie stehen gerne in der zweiten Reihe, aber Sie haben dort die eigentliche Macht, auch wenn offiziell die erste Reihe regiert. Sie verändern die berufliche oder private Situation erst, wenn Sie schon etwas Neues in Aussicht haben. Wenn jemand Ihr Vertrauen missbraucht hat, wird derjenige aus dem Netzwerk ausgeschlossen und Ihre sonst sehr freundliche Haltung kann in Gemeinheit umschlagen.

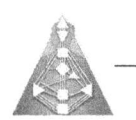

Sie können in diesem Moment wirklich alles gegen den anderen verwenden, auch das, was derjenige Ihnen in einer stillen Stunde anvertraut hat.

Beziehung und Sexualität

Es ist für viele Menschen mit diesem Profil so, dass sie ihren besten Freund als Partner haben sollten. Das Erforschen und Kennen des anderen und das Vertrauen, das daraus wächst, ist hier prioritär. Sie sind entweder der Verfolger oder der Verfolgte. Lassen Sie sich Zeit, studieren Sie den anderen genau oder lassen Sie sich studieren.

Mit diesem Profil ist es Ihnen lieber, eine unangenehme Wahrheit hinnehmen zu müssen, als hintergangen zu werden. Der Bruch des Vertrauens ist in der Beziehung für dieses Profil auch der Haupttrennungsgrund. Man verträgt fast jede Ehrlichkeit, aber ein „Angelogen-Werden" gar nicht. Die Vier hätte gerne einen Partner, dem sie voll vertrauen kann, bei dem Verlässlichkeit besteht. Es gibt für dieses Profil keinen Mittelweg, entweder Sie vertrauen dem Partner oder Sie vertrauen ihm nicht. Ist das Vertrauen missbraucht, wird die Beziehung nie wieder vertrauensvoll sein. Es gibt hier nur ein Entweder-oder!

Auch wenn Sie alle Informationen zum Thema Sexualität studiert haben, brauchen Sie die richtige Gelegenheit und einen Vertrauten, um Sexualität leben zu können. Bevor sie Sex haben, sollten Sie jeden Menschen, den Sie kennenlernen, zu einem guten Freund und Vertrauten machen. One-Night-Stands sind nichts für Sie, da die Zeit zu kurz ist, um vertraut zu werden und die sichere Basis zu haben.

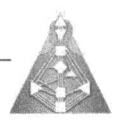

Partnerschaft mit einer Eins/Vier:

Geben Sie diesem Menschen die Zeit, die er braucht, um Sie als Partner kennenzulernen und Sie zu seinem Vertrauten und Freund zu machen.

Nur dann ist eine Beziehung überhaupt möglich. Wichtig ist eine offene und authentische Kommunikation mit diesem Menschen. Das ist so essenziell, weil das, was Sie diesem Partner erzählen, nicht hinterfragt wird. Der Partner nimmt Ihre Aussagen für bare Münze.

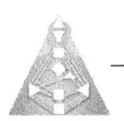

3. PROFIL ZWEI/VIER (2/4) – DER OPPORTUNISTISCHE EINSIEDLER

Zurückgezogen lebende Menschen, die eine versteckte Mission im Leben haben und über Freunde die Gelegenheiten bekommen, diese nach außen zu bringen.

Das Profil Zwei/Vier folgt seiner persönlichen Bestimmung und trifft einsame Entscheidungen. Menschen mit diesem Profil sind gerne allein, aber Freundschaften sind ihnen auch wichtig. Sie werden als freundliche und anziehende Persönlichkeit wahrgenommen und aus der Erfahrung zeigt sich, dass sie immer auf Gelegenheiten aus dem Freundeskreis warten müssen. Egal, ob Beziehung, Job oder Wohnungswechsel, alles kommt aus dem Netzwerk. Ein Beispiel wäre: Sie suchen einen neuen Partner, dann ist es am besten, Sie erzählen Ihren Freunden und Bekannten davon, denn bevorzugt durch diese Menschen wird die neue Partnerschaft auftauchen.

Das Thema Freundschaft kann für Sie aber auch sehr anstrengend sein, weil Sie einerseits den Rückzug brauchen und andererseits die Freundschaften. Dadurch kann ein Spannungsgefühl entstehen. Achten Sie darauf, dass Ihr Freundeskreis gut ausgewählt ist, seien Sie wirklich selektiv. Das Netzwerk, das Sie haben, sollte speziell und zu Ihnen passend sein. Sie müssen Ihren Freunden wirklich vertrauen können. In Ihrer Interaktion mit anderen achten Sie auf Harmonie und sind demokratisch.

Sie haben ein Naturtalent, dieses sollten die anderen in Ihnen erkennen und Sie dafür aus Ihrer Einsiedelei rufen. Wenn Sie diesem Ruf folgen, können Sie Ihre volle Kraft entfalten.

Mit diesem Profil sind Sie ein Mensch, der gerne seine Ruhe hat, mit seinen eigenen Dingen beschäftigt ist und seine

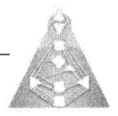

Zurückgezogenheit genießt. Andere Menschen projizieren auf Sie, was gut für Sie wäre und wofür Sie sicher Talent haben. Wichtig ist es, eine gute Ausbildung und Förderung zu bekommen, damit sich das Naturtalent zeigen kann. Schreiben und Lesen zu lernen, ist auch für den talentierten Geiger notwendig. Das Naturtalent ist eine spezielle Fähigkeit, die Sie haben und erst im Laufe des Lebens erkennen.

Das Profil ist eines, das sehr spirituelle Zugänge zum Leben haben kann. Manchmal wird es auch das Missionarsprofil genannt. Es sind Menschen, die aufgrund ihres Naturtalents eine Erkenntnis gewinnen und diese forsch und entschlossen in das Netzwerk einbringen, wenn sie sich gerufen fühlen. Wichtig ist das „Alleinsein-Können", am besten ist es, einen eigenen „heiligen Raum" zu haben. Manche Menschen investieren in ihren eigenen Raum auch wirklich viel Geld.

Beziehung und Sexualität

Seien Sie selektiv und anspruchsvoll, wählen Sie nur jemanden, der Ihnen wirklich entspricht. Da Sie sehr speziell sind, muss der Partner auch all Ihren Kriterien entsprechen.

Mit diesem Profil leben Sie hinter einer schützenden Mauer, die man von außen nicht einfach einreißen kann. Ihre Schüchternheit ist wichtig und richtig. Die Mauer, die Sie haben, kann langsam Ziegel für Ziegel abgebaut werden. Eine Abrissbirne ist dabei nicht wirkungsvoll, denn dann ist die Mauer schnell wieder aufgebaut. Zum für Sie richtigen Zeitpunkt kann sich die Schüchternheit und Distanziertheit schlagartig auflösen und in eine Kühnheit wechseln, die das Außen verwundert. Es hat auf jeden Fall das Element des Unerwarteten.

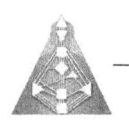

In der Sexualität ist es für Sie wichtig, dass Sie den anderen gut kennen. Ihn als eng Vertrauten, wie Bruder oder Schwester, wahrnehmen können. Es sollte ein Mensch sein, dem man alles anvertrauen kann. Mit dem Profil Zwei/Vier ist es für Sie wichtig, sich ganz viel Zeit zu lassen, bevor Sie sich auf eine Partnerschaft bzw. Sexualität einlassen.

Partnerschaft mit einer Zwei/Vier

Diese Menschen brauchen durch ihre Schüchternheit einfach Zeit. Geduld zu haben, Vertrauen herstellen können ist essenziell.

Die Partner brauchen einen eigenen Raum, wo sie sich zurückziehen können. Das hat nichts mit der Qualität der Partnerschaft zu tun, sondern mit dem so wichtigen persönlichen Bedürfnis nach Rückzug und Alleinsein. Als Partner kann man auch Dinge in diesem Menschen entdecken, welche die Person selbst nicht als Fähigkeit sieht.

Erst über die Zeit wird der Mensch dann erkennen können, dass er wirklich diese Fähigkeiten hat, und sie auch nutzen. Wenn man so einen Partner hat, wäre es wichtig, ein gemeinsames Netzwerk zu haben, damit der Partner auch die richtigen Gelegenheiten für das eigene Leben bekommen kann.

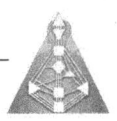

4. PROFIL ZWEI/FÜNF (2/5) – DER KETZERISCHE EINSIEDLER

Zurückgezogenheit und Verführung liegen ihnen im Blut, und das nicht nur in Beziehungen. Durch Selbstmotivation werden sie zum Ketzer.

Das Profil Zwei/Fünf folgt seiner persönlichen Bestimmung und trifft einsame Entscheidungen. Menschen mit diesem Profil lieben ihre Zurückgezogenheit. Sie haben am liebsten Mauern um sich und wollen in Ruhe gelassen werden. Der Rückzug und der eigene Raum sind ihnen wichtig, damit sie ihr eigenes Ding durchziehen können. Als Demokrat signalisieren sie manchmal ihre Zustimmung, damit sie nicht weiter belästigt werden und Ruhe haben. Sie sind selektiv und wählen genau aus, mit wem sie etwas zu tun haben wollen. Als Ketzer lehnen sie sich gegen die Normen auf, egal, in welcher Form. Die Gefahr dabei ist, wie im Mittelalter auf dem Scheiterhaufen der Gesellschaft verbrannt zu werden.

Auf das Profil Zwei/Fünf wird immer projiziert, was sie können sollten und wer sie sind oder sein sollten. In sie werden ständig Erwartungen gesetzt, die sie nicht erfüllen können, vielleicht auch gar nichts davon wissen wollen. Dadurch ziehen sie sich immer weiter zurück. Die direkte Offenheit ist nicht so ihr Thema.

Menschen mit diesem Profil können sich grundsätzlich gut selbst versorgen. In seltenen Ausnahmen kommt es dazu, dass sie bis ins hohe Alter ein Nesthocker bleiben.

Wenn etwas Ihrem Talent entspricht und Sie sich gerufen fühlen, müssen Sie sich selbst motivieren, nur dann können Sie entschlossen und erfolgreich sein. Aber für Sie muss es etwas Besonderes sein, das Sie motiviert, Ihre Fähigkeiten zur Verfügung zu stellen. Weil Sie mit Zwei/Fünf eine ungewöhnliche Sichtweise haben, werden Sie vor allem dann geholt, wenn es darum geht, wirklich eine praktische Lösung zu finden.

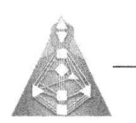

In Ihrer rebellenhaften Art erscheinen Sie manchmal wie ein Anführer, der wirklich Hilfe in der Not bringt. Nachdem Sie Ihre Fähigkeit zur Verfügung gestellt haben, gehen Sie wieder in den Rückzug. Dadurch können Sie sich dem Druck der Erwartungen entziehen. Wenn Sie bleiben, würden Sie Ihren Ruf schädigen, weil Sie nicht ständig neue Lösungen finden können.

Beziehung und Sexualität

Sie wissen, dass Sie ein schüchterner Mensch sind, der Zeit braucht, um in eine Beziehung einzusteigen. Andere projizieren auf Sie und sehen in Ihnen den Verführer, der sehr attraktiv ist. Speziell auf der körperlichen Seite werden Sie so wahrgenommen.

Am Beginn einer Begegnung sind Sie als Zwei/Fünf sehr schüchtern. Wenn sich das legt, lieben Sie es zu flirten, das Spiel von „hin und weg". Sie kommen hinter Ihrer Mauer hervor und können im nächsten Moment wieder verschwunden sein.

Als Profil Zwei/Fünf werden Sie nie in Ihrem wahren Sein erfasst, Sie sind immer eine Projektionsfläche für die Wünsche der anderen. Das heißt, dass niemand Sie so sieht, wie Sie sich selbst sehen. Andere Menschen sehen immer andere Aspekte von Ihnen. Das ist für Sie in der Beziehung so, dass sehr große Erwartungen an Sie gestellt werden und Sie nicht wissen, ob Sie diese erfüllen können.

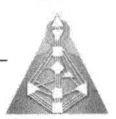

Es ist immer schwierig, in eine Beziehung einzusteigen, weil jederzeit die Projektion des anderen auf Sie zusammenbrechen kann.

Im ersten Moment einer Begegnung werden die anderen immer positiv auf Sie projizieren.

Partnerschaft mit einer Zwei/Fünf

An dieses Profil stellen Partner automatisch Erwartungen und projizieren die eigenen Wünsche in die Partnerschaft. Diese Wünsche kann der Partner meist nicht erfüllen.

Sie bemerken dann, dass der Partner sich immer wieder ganz zurückzieht. Dort kommt er aber nur heraus, wenn er sich selbst motiviert, Motivation von außen funktioniert nicht.

Diese Menschen sind nicht einfach in einer Partnerschaft. Sie brauchen sehr viel Zeit im Alleinsein und tun nur dann etwas, wenn sie dies selbst praktisch finden.

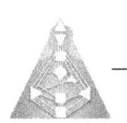

5. PROFIL DREI/FÜNF (3/5) – DER KETZERISCHE MÄRTYRER

Menschen, die gerne rebellieren, immer auf der Flucht vor etwas sind, gleichzeitig geniale Problemlöser.

Das Profil Drei/Fünf widmet sich dem persönlichen Prozess und trifft einsame Entscheidungen. Das sind Menschen, die aus Fehlern lernen. Sie wissen, dass nur Fehler eine Weiterentwicklung bringen.

Das heißt, sie haben die Möglichkeit, viele Erfahrungen zu sammeln, indem sie experimentieren und ausprobieren. Man erwartet von ihnen Lösungen, wo andere keine mehr haben. Diese entstehen idealerweise aus vermeintlichen Fehlern.

Wenn Sie schon als Kind die Möglichkeit hatten, über Versuch und Irrtum zu lernen, ohne dafür bestraft zu werden, haben Sie im Laufe Ihres Lebens die Dinge erkannt und gelernt, die wirklich gut funktionieren, egal, in welchem Bereich. Die Erfahrung zeigt, dass Sie nicht immer die Erwartungen Ihrer Mitmenschen erfüllen, aber gelernt haben, damit gut umzugehen. Wichtig ist für Sie zu wissen, dass Versagen, Fehler oder Misslingen etwas Positives ist. Durch diese Fehler ist es möglich, einen Schritt weiterzugehen. Lassen Sie sich für Ihre Erfahrungen gut bezahlen.

Ihr „Märtyrer-Sein" heißt im übertragenen Sinn, dass Sie in Ihrem Versuch-und-Irrtum-Prozess deutlich wahrgenommen werden. Das Leiden kann dadurch entstehen, dass Sie alles testen, hinterfragen und überprüfen. Sie müssen (leider) alles selbst ausprobieren. Sie haben ein Verhalten, das letztlich von anderen infrage gestellt wird.

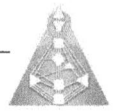

Beziehung und Sexualität

Als Drei/Fünf haben Sie die Bereitschaft, in partnerschaftliche oder berufliche Beziehungen hineinzugehen und diese, wenn sie sich nicht bewähren, auch schnell wieder zu lösen. In Ihrem Leben brauchen Sie die Abwechslung in jedem Bereich.

Die anderen projizieren auf Sie, welcher Partner oder welche Partnerin Sie sind, und sehen Sie nie wirklich. Daraus entsteht manchmal das Gefühl, in einer Opferrolle zu landen.

Wenn Sie den Wert einer Beziehungserfahrung erkennen, können Sie das für die nächste Beziehung nutzen. Auch wenn die Erfahrung zeigt, was Sie in der nächsten Beziehung nicht wollen. Wenn man dies nicht wertschätzt und daraus lernt, stolpert man leicht von einer nicht funktionierenden Beziehung oder Situation in die nächste.

Es ist wie magisch, alles, was nicht läuft, im Leben, zieht Sie wie ein Magnet an. Chaos, gescheiterte Beziehungen, Fehler machen, das gehört zu Ihrem Leben dazu.

Sie gehören zu den Menschen, die die meisten Erfahrungen sammeln und dadurch als gute Problemlöser auch in Beziehungen gesehen werden.

Partnerschaft mit einer Drei/Fünf

Wenn man mit Fehlern sowie mit ‚Versuch und Irrtum' und einem gewissen Maß nicht umgehen kann, sollte man sich auf eine Drei/Fünf nicht einlassen.

Grundsätzlich projiziert man in diese Menschen zuerst mal positiv. Wenn diese Projektionen nicht aufgehen, dann sind Sie als Partner enttäuscht.

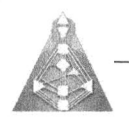

Was einer Drei/Fünf helfen kann, ist eine Partnerschaft, die unterstützt und positiv motiviert im Durchleben des ‚Versuch-und-Irrtum-Prozesses'.

Wenn die Drei/Fünf aus vermeintlichen Fehlern geniale Lösungen entwickelt, kann das extrem produktiv in einer Beziehung sein.

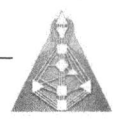

6. PROFIL DREI/SECHS (3/6) – DER VORBILDLICHE MÄRTYRER

Aus den eigenen Fehlern lernen und damit weise werden, andere führen können.

Das Profil Drei/Sechs widmet sich dem persönlichen Prozess und trifft einsame Entscheidungen. Immer, wenn im Profil eine Sechs auftaucht, verläuft das Leben in drei Phasen. Die ersten circa dreißig Jahre lebt man das Thema Versuch und Irrtum in seiner intensivsten Form.

Daher kann diese Zeit ziemlich chaotisch sein. Da dem Profil Drei/Sechs immer wieder Fehler passieren oder aus einem anderen Grund etwas schief geht, haben diese Menschen eine pessimistische Grundstimmung. Für das Kind mit diesem Profil wäre es besonders wichtig gewesen, nicht bestraft zu werden, wenn wieder etwas „nicht funktioniert". Fehler sind der grundsätzliche Bestandteil des Lernprozesses einer Drei/Sechs. Wenn etwas schief geht, haben sie auch die Kraft, wieder aufzustehen und weiterzumachen.

Ab circa dreißig Jahren bemerken Sie, dass Sie sich vom Leben distanzieren. Es ist, als würden Sie auf dem Dach eines Hauses sitzen und alles von oben betrachten. Obwohl Sie noch immer Fehler machen und sich bevorzugt für Dinge interessieren, die nicht funktionieren. Wenn Sie die ersten dreißig Jahre dieses Ausprobieren durchgehalten haben, entwickelt sich eine Objektivität. Es beginnt eine Zeit, in welcher sich dem Pessimismus auch ein gewisses Maß an Optimismus dazugesellt. Das heißt, es passiert auf einmal, dass etwas funktioniert.

Sie haben die Möglichkeit, Ihre Erfahrungen an andere weiterzugeben, und erlangen dadurch Respekt und gewinnen an

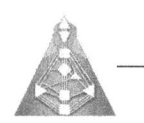

Wert. Sie bemerken, dass Sie mehr und mehr zu einer natürlichen Autorität werden, obwohl noch immer Fehler passieren. Diese Autorität zu erlangen, braucht seine Entwicklungszeit. Am Anfang wird man Ihnen dies am wenigsten abnehmen, gegen fünfzig wird man es mehr und mehr glauben.

Mit circa fünfzig Jahren beginnt die wirkliche Herausforderung in Ihrem Leben. Sie finden sich in einer völlig anderen Lebensphase wieder und bemerken es erst, wenn Sie schon mitten drinnen sind. Das, was Sie bewusst erkennen, ist, dass Sie noch immer ein chaotisches Leben haben, Fehler machen und Versuch und Irrtum stattfinden.

Aber in dieser neuen Lebensphase fühlt sich das ganz anders an. Hier beginnen Sie, Ihre Erfahrung als echtes Rollenvorbild weiterzugeben. Das, was Sie bis zum fünfzigsten Lebensjahr gepredigt haben, müssen jetzt Sie selbst leben.

Beziehung und Sexualität

Sie haben Ihr ganzes Leben lang die Möglichkeit, etwas auszuprobieren und Erfahrungen zu sammeln. Bis dreißig leben Sie Versuch und Irrtum in der vollsten Form auch in Beziehung und Sexualität. Sie wollen herausfinden, wie Beziehung funktioniert, was nicht funktioniert. Sie werden immer wieder in Beziehungen stolpern, die nicht funktionieren. Idealerweise binden Sie sich nicht für längere Zeit (Ehe) an einen Partner. Mit dreißig verändert sich die Beziehungsthematik. Das Thema „Bindungen eingehen und brechen" wird auch in längerfristigen Beziehungen gelebt. Man kann in der Beziehung den Abstand nehmen, den man braucht, wie z. B. durch getrennte Reisen, idealerweise durch getrennte Schlafzimmer.

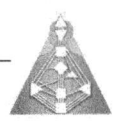

Ab ca. dreißig begeben Sie sich auf die Suche nach Ihrem Seelengefährten. Erst ab fünfzig werden Sie erfahren, ob der Mensch, der in der zweiten Lebensphase an Ihrer Seite war, auch der Seelengefährte ist. Ein Seelengefährte ist ein Mensch, mit dem man eine naturgegebene Verbundenheit auf allen Ebenen empfindet.

Speziell in der Phase ab fünfzig ist das gegenseitige Vertrauen besonders wichtig.

Partnerschaft mit einer Drei/Sechs

Je nach Lebensphase, in der die Drei/Sechs ist, wird die Partnerschaft unterschiedlich herausfordernd sein. In den ersten dreißig Jahren wird man mit Chaos, Versuch und Irrtum und viel Ausprobieren konfrontiert werden.

Da braucht man als Partner ein gewisses Maß an Resilienz und Verständnis. Zwischen dreißig und fünfzig wird man die Drei/Sechs vom Leben distanzierter wahrnehmen. Für die Drei/Sechs ist es wichtig, in der Beziehung auf Abstand zu gehen und auch wieder aufeinander zuzugehen.

Dies hat auch nichts mit der Beziehungsqualität zu tun, sondern ist das Bedürfnis des Profils. Ab fünfzig kann es sein, dass man nicht der Seelenpartner für die Drei/Sechs ist. Oder man bemerkt, dass sich die Beziehung qualitativ und quantitativ verstärkt, weil genau diese Seelenpartnerschaft erkannt wird.

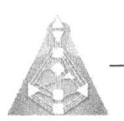

7. PROFIL VIER/SECHS (4/6) – DER VORBILDLICHE OPPORTUNIST

Objektive Menschen, die ihre Netzwerke nutzen, um zu lehren und zu beeinflussen.

Das Profil Vier/Sechs trifft Entscheidungen allein und lebt seinen persönlichen Prozess. Netzwerke, Freunde, Freundschaften und Vertrauen sind sehr wichtig in seinem Leben.

Mit der Vier/Sechs werden Sie als netter Mensch wahrgenommen und andere werden Ihre Gesellschaft schätzen. Wenn man ständig im Netzwerk ist, kann es unter Umständen sehr anstrengend werden. Dann ist es Zeit, sich zurückzuziehen. Sie sind damit beschäftigt, Ihre Erkenntnisse ins Netzwerk zu bringen, und dadurch sind Sie einflussreich. Sie warten auf den richtigen Zeitpunkt, auf die passende Gelegenheit, diese erkennen Sie durch Strategie und Autorität.

Ihr Leben ist in drei Abschnitte unterteilt. In den ersten dreißig Jahren versuchen Sie, Netzwerker zu sein, bemerken aber, dass Sie immer wieder in die falschen Netzwerke geraten. Sie müssen über Versuch und Irrtum erkennen, welche Netzwerke für Sie die richtigen sind.

Da Sie jemand sind, der sehr geradlinig, sogar fixiert sein kann, ist das Fehlermachen oft irritierend. Sie sollten aus jedem Fehler lernen und diese Erfahrung mitnehmen. Ab circa dreißig beginnen Sie, sich zurückzuziehen und eher ein abgehobenes Leben zu führen. Es ist, als würden Sie auf dem Dach eines Hauses sitzen und alles von oben betrachten. Ihr Interesse an Freunden und Netzwerken ist immer noch gegeben, aber Sie beobachten lieber aus der Distanz. Deshalb nennt man diese Menschen auch die Voyeure. Sie finden Ihre Gelegenheit durch

Beobachtung und in der Erkenntnis, was funktioniert. Sie bekommen immer mehr Objektivität und Optimismus.

Mit circa fünfzig beginnt eine neue Lebensphase, in der Sie mit den Erfahrungen der letzten fünfzig Jahren zu einem einflussreichen Freund werden. Wichtig ist, geradlinig und optimistisch seinen Weg zu gehen, mit der Erkenntnis, wie Netzwerke und Freundschaften funktionieren. Den größten Einfluss haben Sie immer aus der zweiten Reihe heraus und in dieser Position vertraut man Ihnen am meisten. Als abgehobener Voyeur lässt es sich leicht leben, es fällt Ihnen schwer, aus dieser distanzierten Position mit circa fünfzig ins volle Leben einzusteigen. Sie haben nicht die Wahl zu sagen, „ich bleibe distanziert", Sie müssen unters Volk. Für Ihre Freunde ist es wichtig, dass Sie ab fünfzig ein Rollenvorbild sind, nur dann können die Freunde Ihnen wirklich vertrauen.

Beziehung und Sexualität

Um sich in eine Beziehung einzulassen, ist es notwendig, den potenziellen Partner sehr gut zu kennen. Wie Bruder und Schwester, die sich alles anvertrauen können, nur dann ist Beziehung möglich. Daher braucht eine echte Bindung viel Zeit.

Für Sie ist es wichtig, dass Sie Ihre Beziehung leben nach dem Motto „verlasse nie einen Liebhaber, bevor du nicht den nächsten in Aussicht hast". Sie brauchen Kontinuität und wenn Sie allein sind, ist das unterbrochen. Es dauert dann meist lange, bis Sie wieder in eine Beziehung einsteigen können oder möchten.

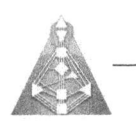

Jeder Mensch, dem Sie die Hand schütteln, könnte eine Gelegenheit für eine neue Beziehung sein. Über die Zeit wird sich zeigen, ob die Person es wirklich ist. Diese Gelegenheiten kommen immer aus dem Netzwerk bzw. aus dem Freundeskreis.

In den ersten dreißig Jahren bemerken Sie, dass Sie viele Beziehungen ausprobieren und herausfinden, welche Beziehungen nicht funktionieren. Auch dieses Profil sollte sich in der Phase nicht „für ewig" binden. Ab dreißig verändern sich die Beziehungen, Sie suchen nach dem Seelengefährten. Sie werden diesen im Freundeskreis finden. Ab fünfzig werden Sie erkennen, wer ein echter Seelengefährte ist. Optimistisch und vertrauensvoll können Sie mit diesem Partner bis zum Lebensende Ihre Zeit verbringen, in einer innigen Beziehung.

Partnerschaft mit einer Vier/Sechs

Menschen mit vierten Linien sind fixiert. Es geht darum, dass man diese Menschen nicht ändern soll, sondern in dem bestärken, was sie sind. Die Vier braucht ein Netzwerk, um erfolgreich zu sein. Das heißt, wenn ich einen großen Freundeskreis schätze, wird dieser Mensch genau der richtige Partner für mich sein.

In der ersten Lebensphase kann es mit einer Vier/Sechs chaotisch werden. In der zweiten wird es abgehobener und vom Leben distanzierter. Man erlebt die Vier/Sechs in dieser Zeit als ultimativen Beobachter im Leben. In der letzten Phase taucht das Thema ‚echter Seelengefährte' auf und die Vier/Sechs erkennt dies. Das heißt, entweder bleibt die Partnerschaft bestehen und intensiviert sich oder sie hat ein Ende.

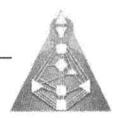

8. PROFIL VIER/EINS (4/1) – DER ERFORSCHENDE OPPORTUNIST

Menschen, die ihr Wesen weder ändern können noch ändern werden. Sehr gute Lehrer in ihrem fixierten Bereich.

Das Profil Vier/Eins ist auf seinem Lebensweg und mit seinen Entscheidungen sehr fixiert. Menschen, die sozusagen ein „fixiertes Schicksal" haben, weil sie sich von außen nicht beeinflussen lassen, und das ist gut so.

Auf der bewussten Seite brauchen Sie Ihre Netzwerke, damit Sie in Ihrem Leben die passenden Gelegenheiten erhalten. Sie bemerken, dass Sie eine solide Basis brauchen, daher erforschen Sie alles genau, bevor Sie Ihren eigenen Weg gehen. Mit dem Profil Vier/Eins tragen Sie Ihr Wissen auf Ihre festgelegte Art und Weise in die Welt hinaus.

Sie machen das bestimmt und freundlich, aber Sie sind für Einflüsse von außen im Sinne von Manipulation oder Leitung nicht aufgeschlossen. Menschen mit Vier/Eins sind auf das, was sie erforschen, fixiert und daher Experten auf diesem Gebiet. Sie können nicht verbogen, sondern nur gebrochen werden. Sie warten, bis sich aus den Freundschaften eine passende Gelegenheit ergibt.

Wenn Sie etwas Neues beginnen, brauchen Sie eine solide Ausbildung, um sich sicher zu fühlen. Nur dann können Sie Ihre Erkenntnisse auf festgelegte Art und Weise ins Netzwerk einbringen.

Für Sie als Vier/Eins ist es notwendig, sich manchmal komplett zurückzuziehen. Das ist Ihr Schutzmechanismus, damit Sie ihr fixiertes Schicksal leben können.

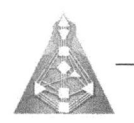

Beziehung und Sexualität

Sie bemerken, dass Sie, bevor Sie Beziehungen eingehen, viel Zeit brauchen, um einen potenziellen Partner genau zu studieren. Das Vertrauen in den Menschen, den Sie kennenlernen wollen, ist für Sie prioritär.

Ein Verhältnis wie Geschwister zu haben, ist die Basis in einer Beziehung, die Sie brauchen. Wenn Ihr Vertrauen missbraucht wird, endet die Beziehung und Sie ziehen sich zurück.

Partnerschaft mit einer Vier/Eins

Um eine Partnerschaft mit einer Vier/Eins zu beginnen, braucht man viel Zeit. Die Vertrauensbasis, die eine Vier/Eins braucht, entsteht durch längeres Studieren der Person.

Menschen mit dem Profil Vier/Eins können in der Beziehung nur glücklich sein, wenn man sie lässt, wie sie sind. Wenn eine Vier/Eins einer bestimmten Meinung ist, sagen Sie als Partner „Liebling, ich weiß, für dich ist das so" – auch, wenn die Tatsachen dagegen sprechen.

Wenn man mit einer Vier/Eins eine Beziehung eingeht, ist es das Wichtigste, mit diesem ‚fixierten Weg' respektvoll umzugehen.

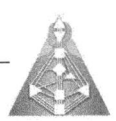

9. PROFIL FÜNF/EINS (5/1) – DER ERFORSCHENDE KETZER

In Zeiten von Krisen finden diese Menschen praktische Lösungen, nachdem sie eingehend geforscht haben.

Das Profil Fünf/Eins findet seinen Sinn und Zweck im Leben durch und mit anderen Menschen. Wenn diese Menschen Entscheidungen treffen, beziehen sie die anderen in die Entscheidungsfindung mit ein. Trotzdem wird jede Entscheidung nach Typ, Strategie und Autorität getroffen.

Sie sind jemand, an den man große Erwartungen hat. Um diese Erwartungen nur annähernd erfüllen zu können, ist es notwendig, dass Sie die Dinge eingehend erforschen. Kein Mensch sieht Sie so, wie Sie tatsächlich sind, jeder Mensch projiziert etwas in Sie hinein.

Daraus entstehen die unterschiedlichsten Erwartungen. Dies beginnt schon in der Kinderzeit, da projizieren die Eltern in Sie hinein, was Sie sein oder werden können. Das heißt, es werden immer Hoffnungen und Erwartungen auf Sie projiziert. Man erwartet von Ihnen zum Beispiel, dass Sie in Krisenzeiten der Held sind und Lösungen bringen, diese müssen praktisch, nachvollziehbar und von Nutzen sein. Menschen mit dem Profil Fünf/Eins können ideale Troubleshooter in Krisenzeiten sein.

Wenn Sie die Grundlagen kennen, eine gründliche Ausbildung haben, können Sie auch die Erwartungen anderer erfüllen. Wenn Sie die Erwartungen nicht erfüllen, dann leidet Ihr Ruf. Wann immer Sie Ihren Job gut erledigt haben, müssen Sie weiterziehen, weil die Gefahr besteht, dass die Projektionen zusammenbrechen und Sie nicht mehr so gesehen werden, wie Sie das möchten. Wenn Sie am gleichen Ort aber im nächsten

Projekt dann nicht die gleiche Leistung erbringen können, wird Ihre Reputation in den Keller fallen, ohne dass Sie dies wissen.

Sie haben einen großen Einfluss auf fremde Menschen, bei der eigenen Familie und den eigenen Partnern versagen Sie hingegen oft. Es ist Ihre Aufgabe im Außen, also bei Fremden, einflussreich zu sein. Die besten Projektionen kommen von Menschen, die Sie nicht kennen.

Beziehung und Sexualität

Grundsätzlich sind Sie sehr verführerisch, man projiziert in Sie hinein: den genialen Familienvater, den größten Liebhaber, die Femme fatale, die perfekte Mutter. Das macht Ihnen großen Druck.

Jeder Mensch, der Sie zum ersten Mal trifft, hat grundsätzlich eine positive Projektion auf Sie. Das möchten Sie gerne aufrechterhalten. Lassen Sie sich Zeit, wenn Sie in Beziehungen einsteigen. Wenn Sie sich sicher sind, dass Sie die Projektionen und Erwartungen erfüllen könnten, dann ist das eine gute Voraussetzung.

Allerdings wissen Sie nie, was der andere wirklich von Ihnen erwartet, Sie wissen nur, dass etwas erwartet wird. Um diese Erwartungen zu erfüllen, sollten Sie solide Grundlagen haben. Das heißt, Sie sollten ihren potenziellen Partner gut kennenlernen.

Wenn Sie in einer Beziehung sind, ist es wichtig, die Distanz zu wahren, um die Projektionen aufrechtzuerhalten.

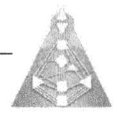

Partnerschaft mit einer Fünf/Eins

Wenn man eine Partnerschaft mit diesen Menschen eingeht, hat man immer große Erwartungen. Diese Erwartungen kann die Fünf/Eins oft nicht erfüllen. Man sieht diese Menschen nie, wie sie wirklich sind, und das ist die größte Herausforderung in der Beziehung.

Die Fünf/Eins versucht, eine Distanz zu wahren, damit die Projektionen nicht zusammenbrechen. Was man an diesen Partnern sehr schätzen kann, ist, dass sie immer praktische Lösungen bieten können.

Auch in den schwierigsten Situationen finden sie eine Möglichkeit, ‚den Karren aus dem Dreck ziehen'.

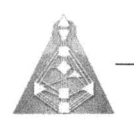

10. PROFIL FÜNF/ZWEI (5/2) – DER EINSIEDLERISCHE KETZER

Von diesem Menschen wird viel erwartet, sie selbst lieben aber die Zurückgezogenheit. Sie brauchen die Eigenmotivation.

Das Profil Fünf/Zwei findet seinen Sinn und Zweck im Leben durch und mit anderen Menschen. Wenn sie Entscheidungen treffen, beziehen sie die anderen Menschen in die Entscheidungsfindung mit ein. Trotzdem wird jede Entscheidung nach Typ, Strategie und Autorität getroffen.

Wenn jemand mit dem Profil Fünf/Zwei neuen Menschen begegnet, wissen sie, dass diese Menschen Erwartungen an sie haben. Sie ziehen sich jedoch lieber zurück und wollen diese Erwartungen nicht erfüllen. Aber die Distanz und der Rückzug machen sie nur noch attraktiver und die Erwartungen werden immer größer. Sie unterliegen dem Phänomen der Doppelprojektion. Auf der einen Seite sieht man ihr Talent und auf der anderen Seite vermutet man ihre Fähigkeiten.

Aus diesen beiden Projektionen entstehen die Erwartungen und Ansprüche an sie. Meist ist es am Beginn eine sehr positive Projektion. Die anderen sehen in diesen Menschen, was sie sehen wollen.

Sie bemerken, dass es Ihnen wichtig ist, eine Distanz zu allem und jedem zu haben. Mit diesem Profil ist es schwierig, Sie zu etwas zu verpflichten. Sie können sich nur aus sich selbst heraus aktivieren und motivieren. Sie haben einen großen Erfolgsdruck, denn Misserfolge führen zum Verlust der Reputation. Jeder Kontakt mit anderen Menschen beinhaltet die Gefahr dieser Misserfolge, weil Sie nicht wissen, was die anderen von Ihnen erwarten. Dieser Druck lässt Sie auch in der

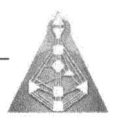

Art reagieren, dass Sie lautstark verkünden, dass die anderen Sie gefälligst in Ruhe lassen sollen. Sie wollen gerufen werden, können sich aber in Wahrheit nur selbst motivieren.

Beziehung und Sexualität

Auch in Beziehungen sind Sie im Zwiespalt. Einerseits wird auf Sie projiziert, dass Sie die Traumfrau oder der Traummann sind, im Sinne von Femme fatale oder Casanova. Anderseits bemerken Sie, dass Sie schüchtern sind und eine Mauer um sich aufgebaut haben, die es erst zu durchbrechen gilt, um überhaupt an Sie heranzukommen. Sie wirken auf andere Menschen sehr verführerisch. Es wird auf Sie projiziert, dass man mit Ihnen eine gute Beziehung und tolle Sexualität leben kann. Sie selbst sind sich da nicht sicher und ziehen sich lieber zurück. Die Lösung in so einer Situation ist die Korrektheit durch Typ, Strategie und Autorität. Basierend darauf können Sie sich selbst motivieren und dann in Beziehung treten.

Partnerschaft mit einer Fünf/Zwei

Sie brauchen eine große Unabhängigkeit, wenn Sie mit einer Fünf/Zwei in Beziehung treten wollen. Da die Fünf/Zwei viel Rückzug braucht und die Distanz wahren möchte, ist eine enge Beziehung eine große Herausforderung. Dazu kommt, dass man als Partner diese Menschen nicht rufen kann, sondern diese sich selbst motivieren müssen. Diese Menschen sind wirklich talentierte Lösungsbringer und werden dafür in der Partnerschaft sehr geschätzt.

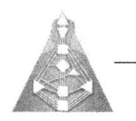

11. PROFIL SECHS/ZWEI (6/2) – DAS EINSIEDLERISCHE ROLLENVORBILD

Rollenvorbilder, die ihrem Ruf folgen müssen.

Das Profil Sechs/Zwei findet seinen Sinn und Zweck im Leben durch und mit anderen Menschen, indem es drei Lebensphasen durchlebt.

Bis dreißig leben diese Menschen das Thema Versuch und Irrtum. Sie sollten in dieser Lebensphase alles ausprobieren, Fehler machen und daraus lernen. Das ist Ihr Erfahrungspotenzial, das Sie für das restliche Leben brauchen. Allerdings bemerken Sie, dass Sie sich auch immer gerne zurückziehen und sich nicht voll auf diesen Erfahrungsprozess einlassen wollen. Der Rückzug ist für Sie wichtig, aber das Erleben von Chaos und Ausprobieren ist essenziell. Man muss da eine Balance finden zwischen Rückzug und Fehler machen, um die richtige Erfahrungsbasis für die nächsten Lebensphasen zu haben.

In der zweiten Lebensphase ab dreißig beginnt man, sich mehr vom Leben zu distanzieren. Sie verwirklichen jetzt scheinbar Ihren Rückzug und werden zum objektiven Beobachter. Der Pessimismus weicht dem Optimismus.

Circa ab dem fünfzigsten Lebensjahr müssen Sie zum echten „Rollenvorbild" werden und Ihre Beobachterposition aufgeben. Idealerweise werden Sie dafür gerufen. Gerade für dieses Profil ist es sehr schwer, sich wieder auf das Leben einzulassen, weil man den Rückzug so schätzt und das Gefühl hat, diesen in der dritten Phase nicht mehr leben zu können.

Man kann dann das Leben nicht mehr aus der Distanz betrachten, alles kommt näher heran. Wenn Sie das Rollenvorbild authentisch leben, können Sie auch zurückgezogen leben. Als Rollenvorbild haben Sie großen Einfluss auf die Gesellschaft.

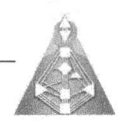

Beziehung und Sexualität

In den ersten dreißig Jahren sollten Sie viele Erfahrungen machen und sich nicht gleich an den ersten Menschen binden. Bewusst versuchen Sie, die unterschiedlichsten Beziehungen und Beziehungsarten kennenzulernen. Doch dann bemerken Sie auf der körperlichen Ebene, dass Sie schüchtern sind und Zeit brauchen.

In der zweiten Lebensphase begeben Sie sich auf die Suche nach Ihrem Seelengefährten. Durch Ihre Selektivität und Ihre Schüchternheit brauchen Sie immer wieder Ihren Rückzug.

Erst ab fünfzig werden Sie erfahren, ob der Mensch, der in der zweiten Lebensphase an Ihrer Seite war, auch der Seelengefährte ist. In einer Beziehung bemerkt man, dass man seinem Seelengefährten zu hundert Prozent vertraut, und liebt es, eine harmonische Beziehung zu führen.

Partnerschaft mit einer Sechs/Zwei

Egal, in welcher Lebensphase: Es sind Menschen, die auf der körperlichen Ebene schüchtern sind. Schneller Sex funktioniert hier einfach nicht, weil der Körper Zeit braucht.

In der ersten Lebensphase wird das ein Partner sein, der vieles ausprobieren will, um Erfahrungen zu sammeln.

In der zweiten Lebensphase wird der Mensch ein wenig distanzierter sein, das Leben eher aus einer Metaperspektive sehen. Als Partner kann ich ihn dann nicht mehr so leicht für ein Abenteuer gewinnen. Er will und braucht in dieser Zeit seinen Rückzug.

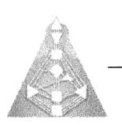

In der dritten Lebensphase wird klar, ob man der Seelengefährte ist oder nicht. Entweder die Beziehung intensiviert sich oder man trennt sich.

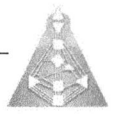

12. PROFIL SECHS/DREI (6/3) – DAS MÄRTYRERISCHE ROLLENVORBILD

Rollenvorbilder, die wissen, wie man mit dem Chaos im Leben umgeht.

Das Profil Sechs/Drei findet seinen Sinn und Zweck im Leben durch und mit anderen Menschen, indem es drei Lebensphasen durchlebt.

Die ersten circa dreißig Jahre leben sie das Thema Versuch und Irrtum in ihrer intensivsten Form. Daher kann diese Zeit ziemlich chaotisch sein. Da immer wieder Fehler passieren oder aus einem anderen Grund etwas schief geht, haben diese Menschen eine pessimistische Grundstimmung. Kinder mit diesem Profil brauchen besonders viel Unterstützung, um das Chaos durchzuhalten. Sie sollten wenig Einmischung und Erwartungshaltung erleben, denn die Erfahrungen müssen gemacht werden. Für dieses Profil ist besonders wichtig, Fehler als Lernerfahrung wertzuschätzen und nicht dafür bestraft zu werden.

Ab circa dreißig Jahren distanzieren Sie sich vom Leben. Sie steigen sozusagen aufs Dach und betrachten die Welt von oben. Ihre anfänglich pessimistische Haltung wird mehr und mehr zu einer optimistischeren. Sie betrachten die Dinge aus einem objektiveren Blickwinkel, allerdings bemerken Sie, dass Ihnen auch immer wieder Fehler passieren, weil Sie immer wieder Dinge ausprobieren.

Sie haben die Möglichkeit, Ihre Erfahrungen an andere weiterzugeben, und Sie erlangen dadurch Respekt und gewinnen an Wert. Sie werden mehr und mehr zu einer natürlichen Autorität, obwohl Sie bemerken, dass noch immer

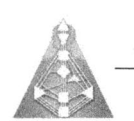

Fehler passieren. Diese Autorität zu erlangen, braucht seine Entwicklungszeit.

Mit circa fünfzig Jahren beginnt die wirkliche Herausforderung in Ihrem Leben. Sie bemerken, dass Sie noch immer ein chaotisches Leben haben, Fehler machen sowie Versuch und Irrtum passieren. Aber in dieser neuen Lebensphase fühlt sich das ganz anders an. Hier beginnen Sie, Ihre Erfahrung als echtes Rollenvorbild weiterzugeben. Das, was Sie bis zum fünfzigsten Lebensjahr gepredigt haben, müssen Sie jetzt selbst leben.

Beziehung und Sexualität

Bis dreißig leben Sie den Prozess Versuch und Irrtum auch in Beziehung und Sexualität. Sie wollen herausfinden, wie Beziehung funktioniert, was nicht funktioniert. Sie werden immer wieder in Beziehungen stolpern, die nicht funktionieren. Idealerweise binden Sie sich nicht für längere Zeit (Ehe) an einen Partner.

Mit dreißig verändert sich die Beziehungsthematik. Sie begeben sich auf die Suche nach dem Seelengefährten. Sie bemerken, dass das ebenso mit Ausprobieren, Versuch und Irrtum zu tun hat. Wenn Sie Ihren vermeintlichen Seelengefährten gefunden haben, brauchen Sie trotzdem Abstand in der Beziehung. Z. B. durch getrennte Reisen oder getrennte Schlafzimmer können Sie das Thema „Bindung eingehen und Bindung brechen" leben.

Erst ab fünfzig werden Sie erfahren, ob der Mensch, der in der zweiten Lebensphase an Ihrer Seite war, auch der Seelengefährte ist.

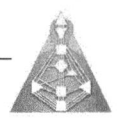

Das Thema Ausprobieren werden Sie nach wie vor bemerken. Um eine lebendige Beziehung zu leben, brauchen Sie auch immer wieder Abstand zu Ihrem Partner. Speziell in der Phase ab fünfzig ist das gegenseitige Vertrauen besonders wichtig.

Partnerschaft mit einer Sechs/Drei

Bis zum dreißigsten Lebensjahr einer Sechs/Drei sollten Sie als Partner eine gewisse Resilienz und Unabhängigkeit mitbringen. Mit diesem Partner werden Sie viel erleben, viel Chaos haben, viele Fehler machen und wissen, wie es nicht funktioniert. Der daraus gewonnene Erfahrungsschatz ist die Bereicherung der Beziehung.

Ab dreißig wird das Chaos weniger werden und in die Beziehung kommen mehr Objektivität und Optimismus. Auch ein anderer Blickwinkel auf das Leben wird deutlich werden.

Ab fünfzig wird die Beziehung intensiver. Trotzdem ist es für die Sechs/Drei wichtig, in der Beziehung immer wieder auf Abstand zu gehen und dann wieder aufeinander zuzugehen.

Wenn die Sechs/Drei bemerkt, dass man nicht der Seelengefährte ist, beendet sie die Beziehung.

SEXUALITÄT –
BEREITSCHAFT UND LUST

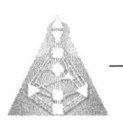

Sexualität – Bereitschaft und Lust

- *Sex hat immer Spaß gemacht?*
- *Wir sind immer bereit und verfügbar!*
- *Wenn man jemanden liebt, ist der Sex immer gut!*
- *Übersexualisierung und Tabuisierung geben sich hier die Hand!*

Im Grund genommen sind wir von zwei elementaren Trieben geprägt, der Selbst- und der Arterhaltung. In diesem genetischen Spannungsbogen leben wir. Beides ist etwas vollkommen Natürliches und in der Genetik Angelegtes. Der Selbsterhaltungstrieb beinhaltet Essen, Trinken und den Schutz des Körpers vor Schmerz und Schaden.

Jeder unterhält sich gerne über die Themen Ernährung oder Wohnen, es ist etwas völlig Selbstverständliches. Die Werbebranche lebt vom Selbsterhaltungstrieb. Der zweite Trieb, der genauso wichtig ist, ist die Arterhaltung, diese ist jedoch von Tabus umgeben und man versucht deutlich zu reglementieren. Im westlichen Kulturkreis haben alle großen Religionen, das Christentum, das Judentum und der Islam, sehr regulativ in dieses Thema eingegriffen. In den 60er- und 70er-Jahren hat es im westlichen Kulturkreis eine Offenheit und Kommunikation über das Thema Sex gegeben. Diese „Flower Power Zeit" ist jedoch vorbei und wir leben wieder eine scheinbare Prüderie, die eine androgyne Weltsicht beinhaltet. Sie ist ein Vorbote für eine zukünftige Entwicklung.

Der Mensch hat aufgrund seiner Selbstreflexion schon früh

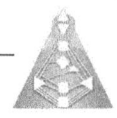

versucht, die Sexualität und die Befruchtung zu entkoppeln. Schon bei den Römern und Griechen hat es Techniken dafür gegeben. Das Wissen, wie das gut gemacht werden kann, ist erst im letzten Jahrhundert populär geworden. Mit Antibabypille, Aufklärung und den unterschiedlichen Arten der Verhütungsmittel haben wir diese Trennung erreicht.

Die zweite Entkopplung ist, dass der Befruchtungsakt ins Reagenzglas wandert, weil die Fertilitätsrate immer geringer wird, sowohl bei Männern als auch bei Frauen. Diese Entkopplung gibt es erst seit dem letzten Jahrhundert, vorher bestand möglicherweise kein Bedarf und es war auch keine Lösung dafür vorhanden.

Wir haben zum Thema Sexualität viele Tabus, wie z. B. Sex im öffentlichen Raum, Prostitution, Polyamorie, Partnertausch und Swingerclub. Wir sind geprägt von der Erziehung, die mit ihren religiösen und spirituellen Hintergründen auf uns wirkt. Tabus, Sprachlosigkeit, Ignoranz, Unsicherheiten und verbotene Attraktion, das alles blockiert uns und hindert uns daran, eine genussvolle Sexualität zu leben, die wirklich zu uns passt. Irrtümer auf allen Ebenen bestimmen dieses Thema. Sexualitäts- und Beziehungsratgeber bieten einseitige, verallgemeinernde und homogenisierte Lösungen an, die nicht weiterhelfen. Wenn es z. B. für den, der in Wahrheit die Quickies liebt, ein „Nehmen Sie sich Zeit" oder der Vorschlag „Massage" ist. Jemandem, der lange Vorbereitung und viele Details braucht, vorzuschlagen, Abwechslung in die Sexualität zu bekommen und doch einmal „Sex auf dem WC in der Disco" auszuprobieren. Dadurch entstehen Gefühle wie Unzulänglichkeit bis ins das Extrem, wo man von sich selbst meint, man habe ein physisches Problem.

Sexuelle Probleme, Impotenz, Frigidität sind Themen, die

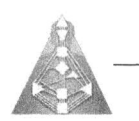

entstanden sind, weil die Menschen oft einen falschen Zugang zur Sexualität haben. Das „du bist nicht okay", wenn du z. B. einfach keine Lust auf Sex hast, schiebt die Probleme manchmal auf eine gesundheitliche oder psychologische Schiene.

Die Aussage eines Mannes zum Thema Sexualberatung („da zahlt man nur, dass sich andere am Leid von uns bereichern") ist vielleicht überzeichnet, aber sie gibt einen Eindruck davon, wie es vielen Paaren geht. Verzweifelt und hoffnungslos geht dann einer der beiden heimlich fremd, weil offen würde es die Beziehung zerstören.

Wir haben ein Grundmuster (Anlagen), wenn wir dieses erkennen und danach leben, dann wird Sexualität je nach Typ befriedigend, erfolgreich, friedlich und überraschend sein. Dadurch baut sich der Stress ab, den viele Menschen mit diesem Thema in der Beziehung haben. Wenn wir verstehen, wie wir selbst angelegt sind, gibt das uns und der Partnerschaft eine neue Freiheit.

Mit dem, was Sie mit diesem Blick in das eigene Chart erkennen können, finden Sie einen ersten Einstieg. Wir bieten hier nur einen oberflächlichen Blick in dieses Thema. Es ist der Versuch, das Thema ohne moralische Grundsätze anzugehen. Das Ziel ist, zu verstehen, wie man selbst und der Partner angelegt sind, und dadurch zu erkennen, was beide brauchen, um eine erfüllte Sexualität zu leben.

Die Erkenntnis, die Sicht auf das So-Sein, rein aus der Genetik heraus, ohne den kulturellen oder moralischen Background einzubeziehen, hilft weiter, macht es uns leichter. Nichts muss passend gemacht werden, alles ist richtig, wie es ist. Trotzdem ist klar, manche Menschen passen von ihrer Ausrichtung besser zusammen als andere.

Wenn wir hier einen Aspekt, also ein Tor erklären, so hat

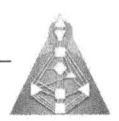

dieses eine Tor, wenn man es exakt betrachtet, genau 1080 Variationen in der Tiefe. Diese entstehen durch verschiedene Kombinationen, die man als Basis, Ton, Farbe und Linie bezeichnet. Um hier ins Detail zu gehen, braucht es eine direkte Beratung durch eine sehr erfahrene Human Design Analytikerin.

Ziel ist es, in der Beziehung ein Verständnis zum Thema Sexualität zu finden und die eigene Art der Sexualität zu erkennen und damit auch lustvoll zu leben. Wir zeigen auf, was man an der Oberfläche erkennen kann, was der besondere Mensch mit den entsprechenden Anlagen braucht, um eine erfüllte Sexualität zu leben.

Es kann sein, dass Sie, wenn Sie das Thema für sich betrachten, eine Erkenntnis haben, die nicht unbedingt beziehungsfördernd ist. Es kann auch sein, das Sie ein Bild von sich selbst haben, das völlig angepasst ist an die moralischen Grundsätze der Gesellschaft. Entdecken Sie mit diesem ersten Einblick Ihren wahren Zugang zur lustvollen Sexualität. Insgeheim weiß man es immer, aber es bestätigt zu bekommen, ist manchmal nicht so einfach zu verdauen. Vor allem kann es sein, dass es nicht zu dem passt, was in einer Beziehung als gut und richtig gesehen wird.

Grundtypen und Sexualität

Jeder Grundtyp hat seinen ganz eigenen Umgang mit der Sexualität. Wichtig dabei ist, wie überall, richtig einzusteigen nach Typ, Strategie und Autorität. Richtig einzusteigen heißt in der Folge:

Der Generator ist von seinem Partner gefragt worden, ob

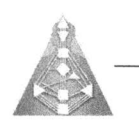

er Sex haben will. Die Bauchstimme hat mit einem „mhm" bzw. mit Energiefreisetzung reagiert. Daher wird die sexuelle Erfahrung für den Generator befriedigend sein. Der Generator ist der einzige Grundtyp, für den es wirklich wichtig ist, einen Orgasmus zu erleben, da dieser der Inbegriff der Befriedigung ist. Ziel beim Generator ist immer Befriedigung.

Ist der Generator nicht richtig eingestiegen, ist die sexuelle Erfahrung frustrierend.

Der Projektor wurde von seinem Partner in die sexuelle Beziehung eingeladen. Der Projektor merkt das an einer körperlichen Reaktion, die entsteht, wenn der andere ihn wirklich erkennt als das, was er ist.

In der Sexualität geht es dem Projektor um den Erfolg. Wichtig ist, dass es dem anderen Spaß macht und gut geht. Da der Projektor immer auf das „Du" ausgerichtet ist, ist das für ihn erfolgreicher Sex. Da geht es dann weniger darum, selbst Erfüllung zu finden, sondern mehr darum, dass der andere erfüllt ist. Den Höhenflug des Sexualpartners zu erleben, ist das Schönste für einen Projektor.

Ist der Projektor nicht richtig eingestiegen in die Sexualität, erlebt er Verbitterung. Die Grundproblematik dabei ist, dass er für das, was er ist, von anderen nicht anerkannt wurde.

Der Manifestor muss aufgrund der inneren Autorität entscheiden, ob er Sex haben will. Danach informiert er seinen Sexualpartner darüber. Er sollte seinen Sexualpartner typgerecht behandeln und z. B. den Generator fragen.

Hat der Generator dann einen positiven Respons, wird es für den Generator befriedigend sein und für den Manifestor eine friedvolle Erfahrung. Er wünscht sich nichts mehr als ein friedliches Zusammensein mit dem anderen in der Sexualität.

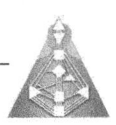

Der Manifestor, der nicht informiert hat und/oder eine Verstandesentscheidung getroffen hat, wird in der Folge zornig sein.

Der Reflektor ist von der Veranlagung promiskuitiv, da er die Überraschung liebt. Er wird aber nur vom Sex überrascht sein, wenn er sich beim Einstieg in die sexuelle Beziehung Zeit gelassen hat (28 Tage, lunarer Zyklus).

Er sollte sich mit anderen Menschen auch darüber ausgetauscht haben. Der Reflektor, der falsch eingestiegen ist, ist von der Sexualität ganz oft enttäuscht.

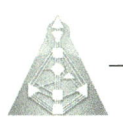

Die Tore

Um das Thema Sexualität genauer betrachten zu können, braucht es einen etwas tieferen Blick in das Human Design.

Hier schauen wir zum ersten Mal die Tore an, zuerst mal mit der Frage: Wo sind sie und wo entstehen sie?

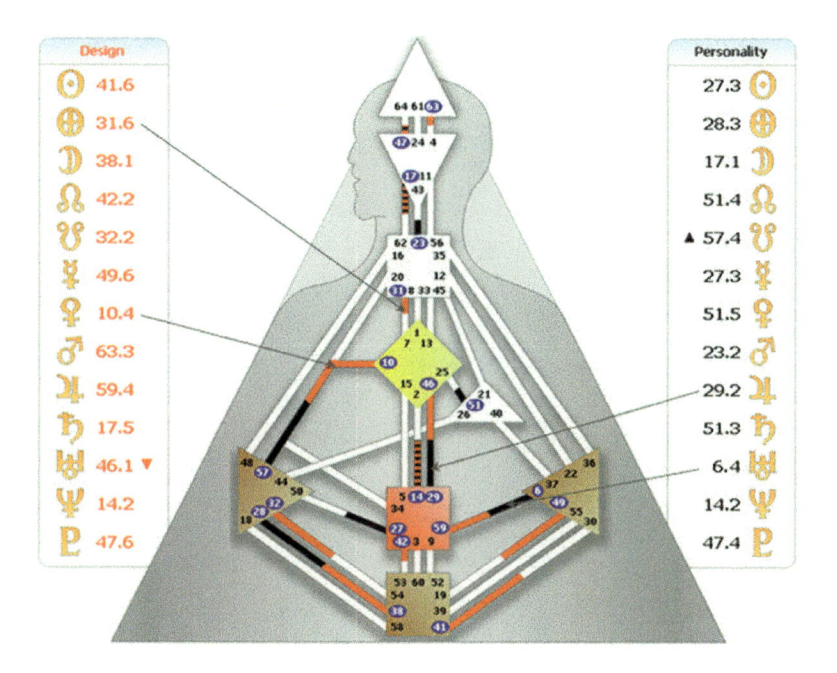

Es ist auf jedem Chart die gleiche Nummer an der gleichen Stelle. In der Sexualität betrachten wir nur die Tore (Nummern) am Sakral-Zentrum und am Emotional-Zentrum.

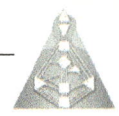

Die Tore am Beispiel des Sakral-Zentrums

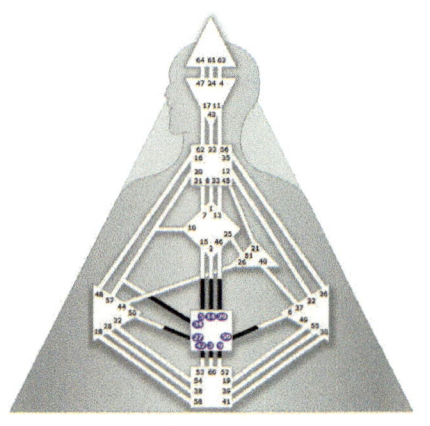

Am definierten Zentrum   Am offenen Zentrum

Jedes der Tore, die im Sakral-Zentrum stehen, hat unter anderem auch ein bestimmtes Thema in der Sexualität. Sind diese an einem definierten Sakral-Zentrum (links), so sind sie immer präsent. Ist das Sakral-Zentrum offen (rechts), werden diese Tore durch ein definiertes Sakral-Zentrum anderer Menschen (oder die Zeitqualität) aktiviert. Dies bedeutet, dass diese Themen nicht immer spürbar und erlebbar sind.

Unterschiedliche Tore haben unterschiedliche Priorität beim Menschen. Wenn hinter dem Tor nach dem Punkt eine Zahl steht, die den Zahlen im Profil entspricht, ist es ein Hauptthema beim Einstieg in die Sexualität.

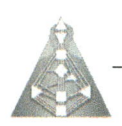

Einstieg in die Bereitschaft

EIN BEISPIEL:
- *Sie haben das Profil 3/6.*

Eines oder mehrere der Tore im Sakralzentrum haben hinter der Torzahl, nach dem Punkt, eine der Zahlen des Profils stehen. In dieser Grafik z. B. hat das Tor 27 hat dahinter die Zahl 3 stehen. Das bedeutet, dass das Thema der 27 die wichtigste Bedingung ist, um bereit zu sein für Sexualität.

Wenn weder die 3 noch die 6 des Profils in einem der im Sakralzentrum eingefärbten Tore vorhanden ist, ist der Einstieg ins Thema und die Bereitschaft zur Sexualität ein Lernthema. Das heißt, es braucht Aufmerksamkeit und man muss lernen, wie man damit umgeht.

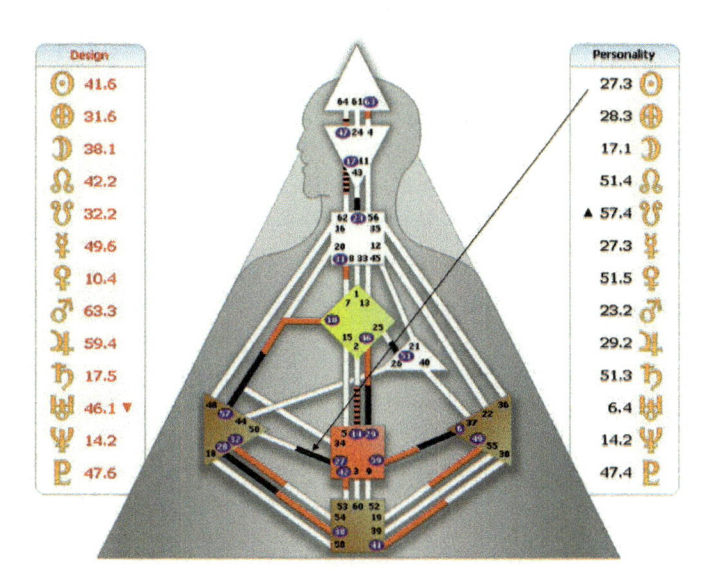

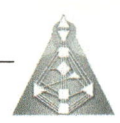

1. DAS SAKRAL-ZENTRUM – DIE BEREITSCHAFT

Im Sakral-Zentrum finden wir folgende Tore:

Das definierte Sakral-Zentrum

Ein definiertes Sakral-Zentrum zu haben, bedeutet, generell immer verfügbar (so wurde es von Ra Uru Hu bezeichnet) bzw. bereit zu sein für Sexualität. Allerdings unterliegt diese Bereitschaft ganz bestimmten Bedingungen, diese werden durch die einzelnen Tore beschrieben. Es müssen diese bestimmten Voraussetzungen erfüllt werden, damit die Bereitschaft vorhanden ist und Sexualität funktioniert.

Da nur Generatoren ein definiertes Sakral-Zentrum haben, ist hier die Frage „Habe ich Kraft, habe ich Power, stehe ich für den sexuellen Akt zur Verfügung, bin ich bereit dafür?". Es hat nichts mit Lust zu tun, sondern mit der körperlichen Bereitschaft. Generatoren sind, egal, ob sie es anturnt oder nicht, durch das eingefärbte Sakral-Zentrum, wenn ein „mhm" da ist, für Sex bereit. Das Tor gibt vor, welche Bedingungen es braucht, um wirklich Bereitschaft zu haben. Die Art und Weise, wie Sexualität erlebt wird, ist immer gleich, auch wenn es zwischen dreizehn Jahren und dreiundachtzig Jahren einen Entwicklungsprozess gibt.

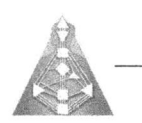

Die Basis dabei bilden die Tore, die wir haben. Der Generator wäre, wenn man ausschließlich den Typ betrachtet, monogam veranlagt. Für den Generator würde ein Partner für das Leben ausreichen, weil das Erleben der Sexualität gleich bleibt. Grundsätzlich haben die Generatoren durch das definierte Sakral-Zentrum die Power, Kinder zu zeugen und großzuziehen.

Das offene, nicht definierte Sakral-Zentrum

Ein nicht definiertes Sakral-Zentrum zu haben, heißt, nur dann bereit zu sein für Sexualität, wenn das Zentrum aktiviert wird. Dies passiert durch andere Menschen oder durch die Zeitqualität. Ein Beispiel dafür sind die „68er Jahre – die Flower Power Zeit", da war der Kanal 59/6 Intimität und Nähe (der Kanal der Fruchtbarkeit und Fortpflanzung) über einen längeren Zeitraum durch die Zeitqualität (die Planeten) definiert. Dadurch waren die Menschen betreffend Thema Sexualität viel aktiver.

Die offenen Sakral-Zentren (Manifestor, Projektor und Reflektor) sind genau das Gegenteil von festgelegt, sie sind offen. Hier kann alles sein, von der negativen Konditionierung bis zum großen Erfahrungspotenzial, das für andere Menschen z. B. in der Beratung sehr hilfreich sein kann.

Die sexuelle Bereitschaft ist das große Fragezeichen für diese Typen, weil es immer von anderen Menschen oder Zeitqualitäten abhängt, ob sie für den sexuellen Akt bereit sind. Die Art und Weise, wie Sex funktioniert, ist nie gleich. Unterschiedliche Partner bringen auch eine unterschiedliche Bandbreite ins Leben. Da ist alles möglich, was in der Menschheit ausgeprägt ist, von der Nonne bis zur Domina, vom Mönch bis zum Ladykiller.

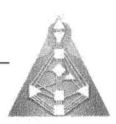

Die Frage für das offene Sakral-Zentrum ist nur, was gefällt mir und was ist für mich korrekt. Daher ist es notwendig, dass diese Menschen in der Sexualität viel ausprobieren und dadurch herausfinden, welche Art der Sexualität die entsprechende ist, also was gefällt. Für jeden Menschen, der offen ist, empfehlen wir: „Lernt die abwechslungsreiche Welt der Sexualität kennen! Egal, ob ihr heterosexuell oder homosexuell seid, egal, ob euch Tantra oder sadomasochistische Praktiken anziehen, durch die Offenheit ist alles möglich." Schon in der Jugend wäre es sinnvoll, wenn die offenen Zentren sich wirklich vergnügen und ausprobieren, auch die Mädchen. Das Thema der offenen Zentren ist nur die Frage „Was gefällt mir?" Dabei ist immer auf Typ und Strategie zu achten. Das heißt auch z. B. für den Projektor: Wenn man sich nicht eingeladen fühlt, sollte man das Ausprobieren wirklich sein lassen.

Eine Projektorin in der Beratung formulierte es so: „Die sexuelle Welt, in der ich lebe, ist von grau meliert auf einmal kunterbunt geworden." Die Frau hatte mit 18 ihren Ehemann kennengelernt und sich mit 50 scheiden lassen, weil die Kinder ausgezogen waren und in der Beziehung nichts mehr funktioniert hat. Für sie war Sexualität nie lustvoll besetzt, sondern eine notwendige Verpflichtung in der Ehe. Sie war froh, sich getrennt zu haben, weil sie das nicht mehr tun musste. Extrem vorsichtig hat sie sich in die nächste Beziehung eingelassen und auf einmal entdeckt, was sie in den letzten 32 Jahren versäumt hat.

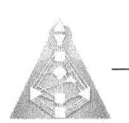

Die Kehrseite bei den offenen Zentren kann sein, „nicht zu wissen, wann genug ist", auch in sexueller Hinsicht. Übermäßige Promiskuität, Sexsucht, Nymphomanie kann auch Thema sein. Ein offenes Sakral-Zentrum spiegelt den anderen, wenn derjenige das Zentrum definiert hat. Man lebt die Sexualität des definierten Zentrums, dadurch kann sich die Sexualität für jemanden, der offen ist, mit jedem neuen Partner völlig ändern.

Wenn das Sakral-Zentrum in der Partnerschaft offen bleibt, gibt es keine Bereitschaft. Man kann dann noch so sehr verliebt sein und große Lust aufeinander haben, trotzdem funktioniert Sex nur in ganz bestimmten Momenten. Das ist kein Problem in der Beziehung, sondern ein genetischer Mechanismus in der Partnerschaft. Es hat nichts mit einem physischen Problem zu tun. Hier werden dann manchmal Diagnosen gestellt, weil der Verdacht aufkommt, dass es organisch sein muss, weil ja Lust vorhanden ist. Schuldzuweisungen helfen dann beiden Partnern nicht. In der Beratung kann man das genauer betrachten und auch einfache Tipps geben, wodurch man bereit werden kann.

Menschen kommen meist um das dreißigste oder fünfzigste Lebensjahr in die Beratung. Zu diesem Zeitpunkt gibt es für alle Menschen einen deutlichen Lebenswandel, der die unterschiedlichen Typen frustriert, zornig, verbittert oder enttäuscht von der Ehe und der Sexualität zurücklässt. Wenn in der Beratung dann offen wird, wie die beiden Partner sexuell ausgerichtet sind, ist das oft eine Erleichterung und es gibt eine Klarheit, die viel möglich macht. Entweder einen gemeinsamen guten Umgang damit zu finden oder auch zu erkennen, dass Trennung oder Polyamorie auch eine Lösung sein darf.

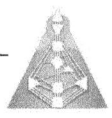

EIN BEISPIEL – PROMISKUITIV SEIN

- *Thomas hat ein offenes Sakralzentrum und eine Drei im Profil.*

Mit der Struktur des offenen Sakralzentrums ist Thomas jemand, der Abwechslung braucht. Die Drei will dazu noch die vielen Formen in der Sexualität ausprobieren und über Versuch und Irrtum lernen.

Es kann sein, dass für ihn das in einer einzigen Beziehung nicht möglich ist. Monogamie, wie sie in unserer Kultur üblich ist, macht es für ihn nicht leicht. Ausschließlichkeit ist für ihn nicht erfüllend und um das zu finden, was er sucht, können sowohl „Fremdgehen" wie auch „Polyamorie" Thema werden.

Die Tore im Sakralzentrum

Tor 5 – Bereitschaft in einem ganz bestimmten Rhythmus

Im Tor 5 geht es um einen fixierten Rhythmus bzw. um fixe Gewohnheiten. Der Rhythmus kann sein 1 x pro Woche, 4 x pro Woche immer in der Früh, immer am Abend oder jeweils Mittwoch am Vormittag.

Wenn beide Partner das Tor 5 haben, wäre es günstig, einen gleichen Rhythmus zu haben, sonst trifft man sich nicht.

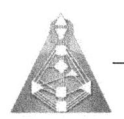

EIN BEISPIEL:
- *Gerd hat das Tor 5.*

Gerd hat seinen ganz eigenen Rhythmus in der Sexualität. Er liebt es, am Wochenende vormittags genussvolle Zeit im Bett zu verbringen.

Sein Freund Albin jedoch hat einen ganz anderen Rhythmus, er will eher gemeinsame Zeit für Sexualität unter der Woche am Abend haben. Durch diese unterschiedlichen Rhythmen können Beziehungskrisen entstehen.

Tor 14 – Bereitschaft, wenn es Energie bringt

Im Tor 14 geht es darum, durch den sexuellen Akt Energie zu bekommen. Dadurch, dass dieses Tor eine pulsartige Frequenz hat, können dort auch die Quickies verankert sein. Denn es geht darum, schnell Power zu bekommen, die danach aktiv sein lässt. Es kann auch so sein, dass diese Menschen nach dem Sex aufspringen und die Energie nutzen, um etwas zu machen – egal was, sei es Wohnungsputz oder Hausbau.

Tor 29 – Bereitschaft, wenn es eine gute Erfahrung bringt

Im Tor 29 geht es darum, eine Erfahrung zu machen, zurückzublicken und den Sinn herauszufinden. Ja-Sagen, wenn es wirklich eine gute Erfahrung ist. Wenn nach Typ, Strategie und Autorität entschieden wird, dann ist die beste Voraussetzung für eine gute sexuelle Erfahrung geschaffen. Wenn man inkorrekte Entscheidungen trifft, hat man zwar viel Sex, aber in den wenigsten Fällen qualitätsvollen Sex. Wichtig wäre, die richtige Erfahrung mit den richtigen Partnern zu machen.

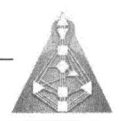

Tor 59 – Bereitschaft, wenn Intimität möglich ist

Menschen mit dem Tor 59 sind daran interessiert, wirklich Intimität und Nähe zu erleben. Da geht es nicht so sehr um den sexuellen Akt, sondern um echte Intimität. Der Partner muss bereit sein, die 59 ganz nah an sich ran zu lassen, also mit Haut und Haar verfügbar sein.

Tor 9 – Bereitschaft, wenn die Details stimmen

Zum Tor 9 gehört die Thematik der Detailarbeit. Hier ist es notwendig, dass auch die kleinsten Details stimmen. Schon ein kratzendes Uhrband kann das „Aus" bringen. Manche Paare haben deshalb ganz genaue, detailreiche Rituale. Das schnelle Abenteuer geht hier nicht.

Tor 3 – Bereitschaft, wenn man einen dominanten Partner hat

Das Tor 3 nennt sich „die Anfangsschwierigkeit". Hier geht es darum, dass der Partner die Führung übernimmt, um diese Anfangsschwierigkeit zu überwinden. Sagt der Partner, wo es lang geht, ist alles einfach, es braucht diese Ordnung und das An-der-Hand-genommen-Werden, um bereit zu sein für die Sexualität. Mit diesem Tor kann man auch in der SM-Szene landen, weil die Führung damit fixiert ist. Dieses Tor ist nicht geschlechtsspezifisch anders. Es geht darum, wer das Tor 3 hat – derjenige braucht die Führung.

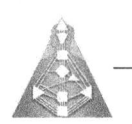

EIN BEISPIEL – FÜHRUNG BRAUCHEN

- *Peter hat das Tor 3.*

Peter ist von seiner Grundstruktur jemand, der, um Sexualität wirklich lustvoll erleben zu können, Führung braucht. Er hat aber durch seinen Führungsjob, durch das Bild vom „Mann-Sein" das Gefühl, dass er auch in der Sexualität führen sollte. Es klappt aber dadurch oft nicht.

Sabine bemerkt, wenn sie anfängt und entscheidet, was passieren soll, macht es beiden Partnern immer Spaß. Sabines Prägungen und ihre Erziehung sagen aber, ‚Peter soll den Anfang machen, denn er ist der Mann'.

Wenn Peter das versucht, wird es für ihn und sie keine befriedigende Situation werden. Es können Störungen in der Beziehung und in der Sexualität entstehen, wenn nicht das gesehen wird, was ist.

Tor 42 – Bereitschaft, weil Sex einfach dazugehört zum Leben

Das Tor 42 ist das Tor des Wachstums und des Dinge-Beendens. Es sagt einfach, Sex ist ein Teil der Lebenserfahrung und gehört einfach dazu. Wenn man in eine sexuelle Beziehung eingestiegen ist, kann man meist schwer aussteigen. Es braucht länger, bis eine Beziehung beendet ist. Das Thema Wachstum sagt, dass jede Beziehung wieder viel Erfahrung bringt, und sie wächst von Beziehung zu Beziehung.

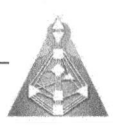

Tor 27 – Bereitschaft, wenn die Werte stimmen

Menschen mit dem Tor 27 suchen ganz bestimmte Werte beim Gegenüber, und das kann vieles sein. Egal, ob es soziale, politische oder kommunikative Werte sind, wenn ein potenzieller Partner diese Werte nicht hat, dann ist man für diesen Menschen nicht bereit. Es beginnt beim Geld und endet beim Umgang – die eigenen Wertmaßstäbe müssen passend sein.

Tor 34 – meist zu beschäftigt, um Sex zu haben

Ein Mensch mit dem Tor 34 hat meist zu viel zu tun und ist zu beschäftigt, um für Sex bereit zu sein. In diesem Tor ist auch das genetische Programm für die Anzahl der Kinder gespeichert. Ist das genetische Programm erfüllt, ist Sex für diesen Menschen meist einfach nicht mehr notwendig.

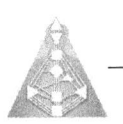

2. DAS EMOTIONALZENTRUM – DIE LUST

Die Voraussetzung, dass es zum sexuellen Akt kommt, ist die körperliche Bereitschaft. Aber dazu braucht es auch noch die Lust dazu. Die sexuelle Lust (Ra Uru Hu bezeichnete es als Antrieb) ist im Emotional-Zentrum zu Hause. Die sexuelle Lust ist nicht immer gleich, weil es Phasen von hohem Begehren und von wenig Begehren gibt.

Das entspricht der emotionalen Welle, die vom Emotional-Zentrum ausgeht. Das ist ein völlig natürlicher Prozess. Es wird uns eingeredet, dass wir nicht nur ständig bereit sein sollten, sondern auch immer Lust haben müssen.

Das definierte Emotional-Zentrum hat seine festgelegten Hoch- und Tiefphasen in der Lust. Das offene Zentrum übernimmt das vom anderen und spiegelt das momentane Hoch oder Tief in verstärkter Form wider.

Wenn zwei im Emotional-Zentrum Definierte zusammenkommen, kann es sein, dass man auf der Welle der Lust an einem anderen Punkt steht als der Partner. Man muss dann einfach warten, bis man auf einem ähnlichen Level ist. Es gibt Faktoren, die die Lust ankurbeln können. Zu wissen, was die eigene Lust fördert oder verhindert, kann hier sehr hilfreich sein.

Es geht darum, das zu akzeptieren, ohne Schuld zuzuweisen. Die Lust ist nur dann vorhanden, wenn das Emotional-Zentrum definiert ist. Wenn das Emotional-Zentrum offen bleibt, verspürt man keine sexuelle Begierde in der Partnerschaft. Ganz oft haben die Menschen dann das Gefühl, dass mit der Beziehung etwas nicht stimmt. Aber das ist es nicht. Zu wissen, woher es kommt, kann auch hier ganz leicht Abhilfe schaffen.

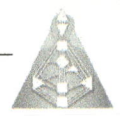

In der Beratung kann man hilfreiche Tipps geben, wodurch man den sexuellen Antrieb wieder steigert.

Jedes der Tore im Emotional-Zentrum kann auch mit einem bestimmten Thema der sexuellen Lust verbunden sein. Sind diese an einem definierten Zentrum, sind sie immer präsent, unterliegen jedoch dem Hoch und Tief der emotionalen Welle. An einem offenen Zentrum werden dieses Tore durch ein definiertes Zentrum anderer Menschen (oder die Zeitqualität) aktiviert.

Wenn man die Konstellationen der Partner kennt, kann man auch damit umgehen, darüber lachen und sich gegenseitig damit akzeptieren.

Die Tore

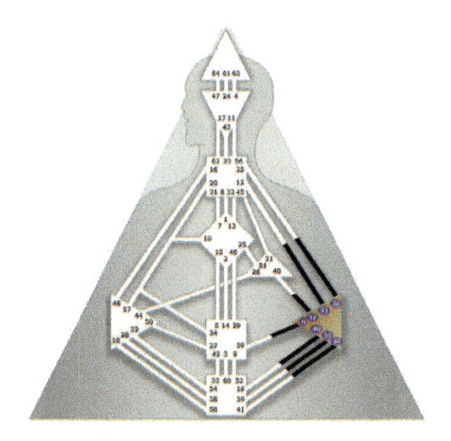

Am definierten Emotional-Zentrum

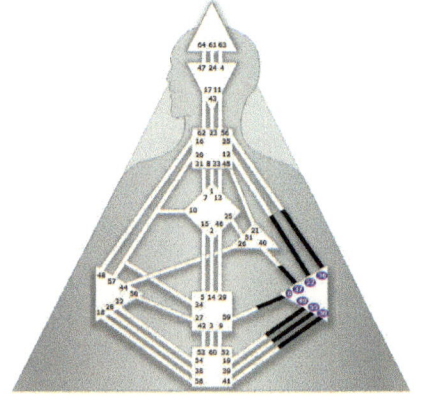

Am offenen Emotional-Zentrum

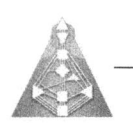

Tor 49 und Tor 37 – Berührung ist die Basis der Lust

Das sind Menschen, bei denen Berührung die Lust steigert oder verschwinden lässt. Wichtig ist hier die Qualität der Berührung. Ist man von der Berührung eines Menschen voll angeturnt, ist man im siebten Himmel.

Stimmt die Berührung nicht, ist die Lust vorbei. Mit dem Tor 37 ist das Küssen und Geküsstwerden ganz wichtig. Mit dem Tor 49 ist es hilfreich, dass die Partner nicht immer präsent sind.

Hier stellt sich die Frage: „Welche Art der Berührung brauchst du?"

Tor 55 und Tor 22 – Akustik ist die Basis der Lust

Das sind die Menschen, denen man das größte Kompliment im falschen Tonfall macht und alle Lust ist schlagartig weg. Der richtige Tonfall oder die richtige Musik bringen diese Menschen in die richtige Stimmung. Hier ist das Thema „sexy Stimme", „die romantische Ader", „die richtige Musik," Wenn man ganz verliebt ist und man landet beim Partner, der die falsche Musik auflegt (Hardrock statt Jazz), ist alle Lust weg. Die sexuelle Lust kann pulsartig da oder weg sein. Es ist wie bei einem Schalter on/off.

Mit dem Tor 55 ist das Verliebtsein in das Verliebtsein essenziell. Beim Tor 22 ist das Bezaubernde, Anmutige das Thema.

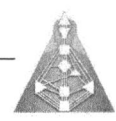

Tor 30 und Tor 36 – Neue Erfahrungen machen ist die Basis der Lust

In diesen Toren geht es darum, niemals die gleiche Erfahrung zu machen, immer eine andere, am besten zurückblicken auf die Erfahrung und sich fragen: Was macht Sinn?

Wenn man z. B. noch nie Erfahrung mit einem Rothaarigen hatte, geht es darum, diese zu machen. Dieses Brennen nach einer neuen sexuellen Erfahrung kann sich auch in den immer neuen Orten spiegeln: z. B. im Stiegenhaus, auf dem Boden, im Supermarkt, im Badezimmer, auf dem Balkon, im Swingerclub. Auf jeden Fall alles andere, nur nicht im selben Bett. Traditioneller Sex ist für diese Menschen gar nicht lustvoll.

In manchen, sehr konservativen Kulturkreisen ist es dann wirklich schwierig für diesen Menschen, lustvolle Sexualität zu erleben. Gerade mit dem Tor 36, das auch das Tor der Krise ist, kann das einiges auslösen. Mit dem Tor 30 muss Sex echt heiß sein, er muss die Gefühle in Wallung bringen. Es muss ein Fast-daran-Verbrennen sein.

Das Tor 36 ist das Tor der sexuellen Unerfahrenheit und bringt mit jeder neuen Erfahrung auch krisenhafte Situationen. Z. B. ist Sex in der Öffentlichkeit nicht so gerne gesehen und das kann in der Folge eine Krise auslösen.

Tor 6 – gehört zu Intimität und Nähe

Das Tor 6 beinhaltet Reibung. Aus dieser kann Intimität und Nähe entstehen. Aufgrund dessen braucht dieses Tor keinen Antrieb wie die anderen Tore im Emotional-Zentrum. Wenn man selbst ein weiteres Tor definiert hat, ist dieses das dominierende Thema in der Lust.

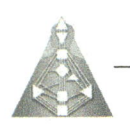

Der Kanal 59/6

Dieser Kanal ist die einzige direkte Verbindung zwischen Sakral- und Emotional-Zentrum und steht für Intimität und Nähe.

Menschen, die diesen Kanal haben, haben eine starke Ausstrahlung und Anziehung, normalerweise auf das andere Geschlecht. Die sexuelle Attraktivität bezieht sich nicht auf Aussehen, Gewicht, Kleidung oder Hygiene. Sie haben die Fähigkeit, in kürzester Zeit Intimität aufzubauen. Es sind polarisierende Menschen: Entweder man mag sie oder man mag sie nicht, aber kalt lassen sie niemanden.

Ebenso ist das Thema Fruchtbarkeit in diesem Kanal angelegt. Wenn eine Frau sehr leicht schwanger wird, hat diese entweder selbst den Kanal oder der Mann hat die 59/6. Das Thema Fruchtbarkeit kann sich aber auch von einer ganz anderen Seite zeigen, von der Unfruchtbarkeit. Dann können alle möglichen Mittel eingesetzt werden, es bleibt die Unfruchtbarkeit. Das kommt zwar sehr selten vor, aber es kommt vor.

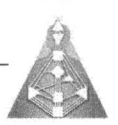

Damit man wirklich schwanger wird, d. h. ein Kind gezeugt werden kann, muss dieser Kanal geschlossen sein. Dies passiert entweder, indem man selbst diesen Kanal geschlossen hat oder durch andere Menschen definiert wird oder durch Transite.

EIN BEISPIEL:
- *Ein Paar, das unbedingt ein Kind haben möchte, aber weder die 59 noch die 6 definiert hat, kann unterschiedliche Strategien verfolgen, um schwanger zu werden.*

Eine wäre, sich bei einer Freundin im Haus einzuladen, die die 59/6 hat und dort einige Tage zu verweilen.

Die räumliche Nähe zu so einem Menschen kann eine Zeugung auslösen, Sex mit dem Partner ist aber schon notwendig dazu. Eine andere Möglichkeit wäre, auf die Zeitqualität zu achten. Wenn dadurch die 59/6 aktiviert ist, hat man eine gute Chance, schwanger zu werden.

TYP UND STRATEGIE IM ORIGINAL-DORNRÖSCHEN DER BRÜDER GRIMM

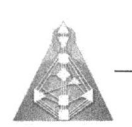

Typ und Strategie im Original-Dornröschen der Brüder Grimm

Märchen sind meist mündlich übertragene Geschichten, die uns von einem Entwicklungsprozess zu mehr Bewusstheit berichten, wie er bei jedem Menschen abläuft. Dabei wird im Leben oft, so wie in diesem Märchen, deutlich, wie unmöglich es für die Hauptfigur ist, dem Schicksal bzw. der „notwendigen" Entwicklung zu entgehen.

Kindern erzählt man Märchen zum Einschlafen und Erwachsenen zum Aufwachen!

> Vor Zeiten lebten ein König und eine Königin, die sprachen jeden Tag: „Ach, wenn wir doch ein Kind hätten!" Aber ihr Wunsch wollte sich nicht erfüllen.

Wenn zwei Menschen unbedingt ein Kind wollen und es klappt nicht, finden wir im Chart manchmal sehr klare Hinweise, warum das so ist. Es ist die Verbindung von zwei bestimmten Zentren, die nicht vorhanden ist, wodurch der genetische Rahmen für die Zeugung nicht hergestellt werden kann (siehe Kapital Sexualität 59/6).

> Da trug sich zu, als die Königin einmal im Bade saß, dass ein Krebs aus dem Wasser ans Land kroch und zu ihr sprach: „Dein Wunsch wird erfüllt werden, ehe ein Jahr vergeht, wirst du eine Tochter zur Welt bringen."

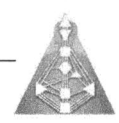

Der Krebs kann in dem Augenblick einfach das Umfeld sein, das sich gerade geändert hat. Menschen oder auch Tiere können durch ihren Besuch die notwendige Qualität in die Beziehung einbringen. Aber es ist auch möglich, dass es die aktuelle Zeitqualität ist, die die richtige Energie für die Zeugung mitbringt.

> Was der Krebs gesagt hatte, das geschah, und die Königin gebar ein Mädchen, das war so schön, dass der König vor Freude sich nicht zu lassen wusste und ein großes Fest veranstaltete.

Das Mädchen ist eine Projektorin, denn sie sollte die zukünftigen Geschicke des Landes managen, lenken und leiten.

> Er lud nicht bloß seine Verwandten, Freunde und Bekannten, sondern auch die weisen Frauen dazu ein, damit sie dem Kind hold und gewogen wären. Es waren ihrer dreizehn in seinem Reiche, weil er aber nur zwölf goldene Teller hatte, von welchen sie essen sollten, so musste eine von ihnen daheim bleiben.

Die weisen Frauen sind meist Projektorinnen, sie lenken und leiten das Geschick von vielen Menschen. Manchmal auch Reflektorinnen, weil diese die Gruppe gut wahrnehmen können.

Seltener ist die Leitung von Manifestorinnen, sie haben einen alten Führungsstil und kommen auch statistisch gesehen weniger häufig vor.

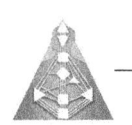

> Das Fest ward mit aller Pracht gefeiert, und als es zu Ende war, beschenkten die weisen Frauen das Kind mit ihren Wundergaben: die eine mit Tugend, die andere mit Schönheit, die Dritte mit Reichtum, und so mit allem, was auf der Welt zu wünschen ist.

Die Geschenke, die sie bringen, sind die Themen, die es für das Mädchen zu lernen gibt. Diese betreffen alle offenen Bereiche, d. h. die nicht eingefärbten Zentren im Chart.
Dort sind die Lernthemen zu Hause, das, wo wir wirklich weise werden können.

> Als die Elfte ihre Sprüche eben getan hatten, trat plötzlich die Dreizehnte herein. Sie wollte sich dafür rächen, dass sie nicht eingeladen war, und ohne jemanden zu grüßen oder nur anzusehen, rief sie mit lauter Stimme: „Die Königstochter soll sich in ihrem fünfzehnten Jahr an einer Spindel stechen und tot hinfallen." Und ohne ein Wort weiter zu sprechen, kehrte sie sich um und verließ den Saal.

Ungebeten treten nur Manifestoren auf. Sie lassen ihre sinnbildliche Bombe fallen und initiieren etwas, das alle anderen in Bewegung setzt.
Manchmal machen sie, so wie in diesem Märchen, den anderen Menschen Angst und werden durch ihre abweisende Aura als kaltherzig erlebt.

> Alle waren erschrocken, da trat die Zwölfte hervor, die ihren Wunsch noch übrig hatte, und weil sie den bösen Spruch nicht aufheben, sondern nur ihn

> mildern konnte, so sagte sie: „Es soll aber kein Tod sein, sondern ein hundertjähriger tiefer Schlaf, in welchen die Königstochter fällt."

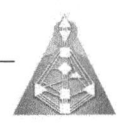

Die Reflektorin (die zwölfte Weise), die nach dem Mond lebt, entscheidet, wie es wirklich weitergeht. Sie hat eine entsprechende gesellschaftliche Wahrnehmung – sie kann den Schrecken der Menschen fühlen, sie ist wie der Betriebsrat in einem Unternehmen, sie schaut, dass es der Belegschaft gut geht.

Sie gibt dem Lernthema der Prinzessin mit ihrem Wunsch eine andere Ausrichtung.

> Der König, der sein liebes Kind vor dem Unglück gern bewahren wollte, ließ den Befehl ausgeben, dass alle Spindeln im ganzen Königreiche verbrannt werden. An dem Mädchen aber wurden die Gaben der weisen Frauen sämtlich erfüllt, denn es war so schön, sittsam, freundlich und verständig, dass es jedermann, der es ansah, lieb haben musste. Es geschah, dass an dem Tage, wo es gerade fünfzehn Jahre alt ward, der König und die Königin nicht zu Haus waren und das Mädchen ganz allein im Schloss zurückblieb.

Jeder muss seinen Prozess gehen. Wir können dem eigenen Muster nicht entkommen. Wenn es für die Erfahrung wichtig ist, entscheiden wir uns manchmal auch für schwierige Schritte, so wie die Königstochter auf der Suche nach etwas (wie Arbeit), das in der Form nicht für sie gedacht ist.

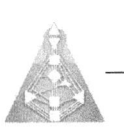

> „Da ging es allerorten herum, besah Stuben und Kammern, wie es Lust hatte, und kam endlich auch an einen alten Turm. Es stieg die enge Wendeltreppe hinauf und gelangte zu einer kleinen Türe. In dem Schloss steckte ein verrosteter Schlüssel, und als es diesen umdrehte, sprang die Türe auf, und in einem kleinen Stübchen saß da eine alte Frau mit einer Spindel und spann emsig ihren Flachs.

Das Schicksal sitzt wie in vielen Geschichten und Märchen am Spinnrad. Es gibt uns einen Schubs in die Richtung unserer Lernaufgaben. Die Königstochter kann ihrer nicht aus dem Weg gehen. Auch unsere Lernaufgaben hängen mit unseren Bühnen des Lebens zusammen.

> „Guten Tag, du altes Mütterchen", sprach die Königstochter, „was machst du da?" – „Ich spinne", sagte die Alte und nickte mit dem Kopf. „Was ist das für ein Ding, das so lustig herumspringt?", sprach das Mädchen, nahm die Spindel und wollte auch spinnen.

Als Projektorin sollte sie nicht arbeiten in der Form wie andere, aber sie will es doch versuchen, weil es ja alle anderen auch machen. So werden wir alle von unserer Umgebung beeinflusst, manchmal sogar, etwas anderes zu tun, als für uns gut ist.

> „Kaum hatte sie aber die Spindel angerührt, so ging der Zauberspruch in Erfüllung, und sie stach sich damit in den Finger. In dem Augenblick aber, wo sie den Stich empfand, fiel sie auf das Bett nieder, das da stand, und lag in einem tiefen Schlaf.

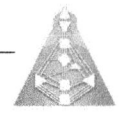

Wenn wir uns gegen unseren Typ und unsere innere Autorität entscheiden, dann landen wir möglicherweise in einem tiefen Schlaf, der uns vom Leben wegführt. Die Prinzessin landet in einem Zustand, wo sie weg von ihrem eigenen Potenzial (Wahrnehmung, Lenken, Leiten, Führen) ist. Schlafen ist dabei ein wunderbares Bild, wir schlafen, bis wir uns erkennen oder erkannt werden, um dann ins Leben zu erwachen. Es fühlt sich für viele Projektorinnen so an, als würden sie schlafen und warten, bis das Leben sie durch eine Einladung erweckt.

> "Und dieser Schlaf verbreitete sich über das ganze Schloss: Der König und die Königin, die eben heimgekommen waren und in den Saal getreten waren, fingen an einzuschlafen und der ganze Hofstaat mit ihnen. Da schliefen auch die Pferde im Stall, die Hunde im Hofe, die Tauben auf dem Dache, die Fliegen an der Wand, ja, das Feuer, das auf dem Herde flackerte, ward still und schlief ein, und der Braten hörte auf zu brutzeln, und der Koch, der den Küchenjungen, weil er etwas versehen hatte, an den Haaren ziehen wollte, ließ ihn los und schlief. Und der Wind legte sich, und auf den Bäumen vor dem Schloss regte sich kein Blättchen mehr. Rings um das Schloss aber begann eine Dornenhecke zu wachsen, die jedes Jahr höher ward und endlich das ganze Schloss umzog und darüber hinauswuchs, dass gar nichts davon zu sehen war, selbst nicht die Fahne auf dem Dach.

Das ist die Situation, in der viele von uns leben, wir sind getrennt von unserer Lebensfreude und schlafen. Manche Menschen liegen wie der schlafende Phönix ein ganzes Leben lang in der Asche und erwachen nie.

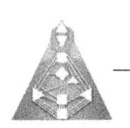

> »Es ging aber die Sage in dem Land von dem schönen schlafenden Dornröschen, denn so ward die Königstochter genannt, also dass von Zeit zu Zeit Königssöhne kamen und durch die Hecke in das Schloss dringen wollten. Es war ihnen aber nicht möglich, denn die Dornen, als hätten sie Hände, hielten fest zusammen, und die Jünglinge blieben darin hängen, konnten sich nicht wieder losmachen und starben eines jämmerlichen Todes.

Diese Königssöhne könnten Generatoren sein, die etwas initiierten, weil sie sich kraftvoll und stark erleben. Geduld und Warten ist nicht ihre Stärke. Wenn dies aber nicht mit dem Respons der Bauchstimme übereinstimmt, kann es nicht funktionieren. Es werden auf Basis nicht vorhandener Energien Initiativen gesetzt, die in der Folge jämmerlich versagen. Wenn solche „Kopfentscheidungen" getroffen werden, ohne gefragt zu sein, dann verhakt man sich ganz leicht in den Dornen des Lebens.

> »Nach langen Jahren kam wieder einmal ein Königssohn in das Land und hörte, wie ein alter Mann von der Dornenhecke erzählte, es sollte ein Schloss dahinter stehen, in welchem eine wunderschöne Königstochter, Dornröschen genannt, schon seit hundert Jahren schliefe, und mit ihr der König und die Königin und der ganze Hofstaat. Er wusste auch von seinem Großvater, dass schon viele Königssöhne

> gekommen wären und versucht hätten, durch die Dornenhecke zu dringen, aber sie wären darin hängengeblieben und eines traurigen Todes gestorben. Da sprach der Jüngling: „Ich fürchte mich nicht, ich will hinaus und das schöne Dornröschen sehen." Der gute Alte mochte ihm abraten, wie er wollte, er hörte nicht auf seine Worte.

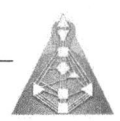

Der Jüngling hat Energie für das Abenteuer, weil er einen Respons hat und es nicht aus dem Kopf entschieden wurde. Er wurde vom Leben gefragt und sein System/Körper hat mit einem „Ja zum Abenteuer" reagiert. Der manifestierende Generator wird hier zum richtigen Zeitpunkt vom Schicksal gefragt.

> „Nun waren aber gerade die hundert Jahre verflossen, und der Tag war gekommen, wo Dornröschen wieder erwachen sollte. Als der Königssohn sich der Dornenhecke näherte, waren es lauter große schöne Blumen, die taten sich von selbst auseinander und ließen ihn unbeschädigt hindurch, und hinter ihm taten sie sich wieder als Hecke zusammen.

Was muss passieren, dass uns das Leben so die Tür öffnet? Unsere Erfahrung sagt, wenn wir Typ, Strategie und Autorität leben, dann treffen wir die richtigen Entscheidungen im richtigen Moment. Sofort wird das Leben leicht, Tür und Tor öffnen sich für uns, genauso wie für den Königssohn. Die Dornenhecke öffnet sich und wir gehen unbeschädigt durch die Situationen des Lebens.

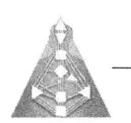

>>Im Schlosshof sah er die Pferde und scheckigen Jagdhunde liegen und schlafen, auf dem Dach saßen die Tauben und hatten das Köpfchen unter den Flügel gesteckt. Und als er ins Haus kam, schliefen die Fliegen an der Wand, der Koch in der Küche hielt noch die Hand, als wollte er den Jungen anpacken, und die Magd saß vor dem schwarzen Huhn, das sollte gerupft werden. Da ging er weiter und sah im Saale den ganzen Hofstaat liegen und schlafen, und oben bei dem Throne lagen der König und die Königin. Da ging er noch weiter, und alles war so still, dass einer seinen Atem hören konnte, und endlich kam er zu dem Turm und öffnete die Türe zu der kleinen Stube, in welcher Dornröschen schlief. Da lag es und war so schön, dass er die Augen nicht abwenden konnte, und er bückte sich und gab ihm einen Kuss.

Der Prinz erkannte ihre Potenziale und erfasste ihr Sein als Projektorin. Das ist für Projektorinnen immer einladend. Das Wachküssen ist die Einladung dazu, zu sein, was sie ist. – Es braucht eine förmliche, höfliche, persönliche Einladung. Die Einladung holt die Prinzessin aus dem Schlaf.

>>Wie er es mit dem Kuss berührt hatte, schlug Dornröschen die Augen auf, erwachte, und blickte ihn ganz freundlich an. Da gingen sie zusammen herab, und der König erwachte und die Königin und der ganze Hofstaat, und sahen einander mit großen Augen an. Und die Pferde im Hof standen auf und rüttelten sich; die Jagdhunde sprangen

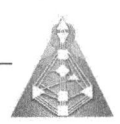

und wedelten; die Tauben auf dem Dache zogen das Köpfchen unterm Flügel hervor, sahen umher und flogen ins Feld; die Fliegen an den Wänden krochen weiter; das Feuer in der Küche erhob sich, flackerte und kochte das Essen; der Braten fing wieder an zu brutzeln; und der Koch gab dem Jungen eine Ohrfeige, dass er schrie; und die Magd rupfte das Huhn fertig.

Da kommt die Energie für das Leben wieder, es erwacht der ganze Hofstaat. Das Volk ist offen für die Projektorin-Prinzessin, dafür, dass sie die Leitung übernimmt und damit genau den richtigen Job macht. Darum erwacht alles.

„Und da wurde die Hochzeit des Königssohns mit dem Dornröschen in aller Pracht gefeiert, und sie lebten vergnügt bis an ihr Ende.

Wenn sie sich gegenseitig als das, was sie sind, akzeptieren, ist das auch möglich. Die Ehe zwischen dem Generator-Prinz und der Projektorin-Prinzessin. Die Energie des Prinzen wird von der Prinzessin gemanagt, gelenkt und geleitet, der Prinz stellt die Energie und die Leistung für den Aufbau des Landes zur Verfügung.

Ein Märchen – eine Idee von Interpretation, auch wenn im Leben nicht jede böse Hexe eine Manifestorin ist und jede schlafende Prinzessin eine Projektorin, so gibt es doch einige davon unter uns.

Die Autorinnen

Mag. Dr. Andrea Reikl-Wolf · www.humandesign.at
Geb.: 24. April 1968 um 22:15 in Wien

Human Design: Analytikerin, Lehrerin, Ausbildnerin, Lehrerausbildnerin; Mediatorin; Studium Molekulargenetik und Biologie; Entwicklerin des Equine Human Design Training (EHD), Coaching und Führungskräftetraining.

Andrea Reikl-Wolf unterrichtet Human Design seit 2000 in Österreich und an der International Human Design School (IHDS) seit 2005. Sie gehört nicht nur zu den Pionieren des Human Design Systems, sondern sie zählt zu den besten Ausbildnerinnen und Analytikerinnen weltweit.

Ihr ist wichtig: „Sich selbst erkennen heißt, ein Leben ohne Schuld zu führen".

Mag. Shurga G. Schrammel
Geb.: 27.10.1961 um 9:50 in Amstetten

Unternehmensberaterin, Psychologin, Psychotherapeutin, Autorin, Human Design Analytikerin in Ausbildung.

Shurga G. Schrammel ist es wichtig, alles in Therapie, Beratung und Begleitung von Menschen einzusetzen, was sie an hilfreichen Methoden erlernt hat. Human Design ist ein sehr wichtiges Element davon.

Sie sagt: „Das eigene Muster zu erkennen hilft uns, den nächsten Schritt zu machen, darum ist Human Design für jeden Menschen eine hilfreiche Unterstützung".